高中数学主题螺旋进阶教学概论

李晓郁 著

图书在版编目(CIP)数据

高中数学主题螺旋进阶教学概论 / 李晓郁著. — 上海：上海社会科学院出版社，2023

ISBN 978－7－5520－3577－3

Ⅰ. ①高… Ⅱ. ①李… Ⅲ. ①中学数学课—教学法—高中 Ⅳ. ①G633.602

中国版本图书馆 CIP 数据核字(2021)第 121178 号

高中数学主题螺旋进阶教学概论

著　　者：李晓郁
责任编辑：蔡倩妮
封面设计：徐　蓉
出版发行：上海社会科学院出版社
上海顺昌路 622 号　邮编 200025
电话总机 021-63315947　销售热线 021-53063735
http://www.sassp.cn　E-mail:sassp@sassp.cn
照　　排：北京林海泓业文化有限公司
印　　刷：上海万卷印刷股份有限公司
开　　本：787 毫米×1092 毫米　1/16
印　　张：9.75
字　　数：210 千
版　　次：2023 年 5 月第 1 版　2023 年 5 月第 1 次印刷

ISBN 978－7－5520－3577－3/G・1101　　定价：65.00 元

序

我与李晓郁初识于“上海市普教系统第三期名师名校长培养工程”，当时我是名师培养工程的导师，其间，我了解到李晓郁是学校教学的骨干，不仅多次担任学校毕业班的把关教学，教学业绩卓著，还在全国、市、区的一些教学活动中进行公开教学. 由于教学理念先进，教学方法灵活，课堂互动充分，颇受各方好评. 之后，我们在教学上的交流未再中断，我提出了新的成长建议，希望晓郁在自己的专业发展上，从一名教学上的能手成长为一名专家型的老师，建议她结合自己的教学实践，将遇到的教学问题转化为研究的课题，得出对数学教学的规律性认识，然后便可以从系统的眼光出发，全局性地指导自己的教学实践，从而达到更好的效果. 几天前，晓郁老师打电话给我，让我为她的专著作序，这着实让我感到欣喜，为她朝着专家型教师迈进感到高兴！

认真看完书稿，感想良多.

首先，本书符合当今的教学改革方向. 当前“双新”背景下的高中教育明确提出了转变育人方式的时代要求，学科教学也提出了培养学生学科核心素养的育人目标，这能够消除教学中长期存在的一些积弊，如题海战、对所有学生进行无差别的重复训练、割裂的知识点教学、缺乏主题重组意识、缺少对学生数学抽象素养的有效培养策略等. 上述积弊往往造成学生思维发展的断层，也就谈不上发展学生的深度思维能力. 而本书提出的理念却是依据认知规律，从“主题教学”设计入手，运用“螺旋进阶”策略，以达到提升学生“数学抽象”这一数学核心素养的目的，一改传统数学教学中重数学知识传授而轻数学素养培养的问题，不再片面关注单一知识点本身的教学设计，而是重视主题下知识点之间的统整.

其次，本书是一次基于理论指导下的本土化教学实践历程. 在众多先进教育理论的支撑下，包括建构主义理论的学习观、最近发展区理论的教育教学原理、螺旋式课程设计理论的课程架构、学习进阶理论的基本特点等，作者进行了研究，并以此服务于本书的核心主题——用主题螺旋进阶来培养学生的抽象素养. 该理论认为，知识发展需要同时具备整体性和阶梯性，学生的思维发展也应相应地适应这种进阶过程. 因此，数学教学从设计到实施都需要顺应数学知识发展与学生思维发展的规律. 本书是一次本土化的教学实践，因为研究针对的问题都是当前教学改革中亟待解决的问题，并且研究也都是建立在以校为本、以生为本的基础之上，教师对于数学教学现状的了解都是基于对学生的问卷调查，所用的研究方法主要是行动研究法，也就是在现实的教学中去发现问题、分析问题，进而达到解决问题的目的.

最后，本书是一项理论与实践相结合的研究成果. 本书作者为了让读者能更好地理解本书提出的教学模式或方式，列举了大量的教学案例，在数学知识上，涉及函数、数列、三角、解析几何等众多高中数学内容；在方法上，涉及分析、综合、类比、分类讨论、数形结合等思想方法；本书还对数学建模等专题模块进行了举例说明，案例涉及面很广，且所有的论述都紧扣主题，突出“主题”“螺旋”“进阶”等关键词，表述形象直观，说理深入浅出.

由于本人水平所限，无法抽象、提炼、概括出本书更多的精华，相信读者和我一样，会在学习阅读中不断深化对运用“主题螺旋进阶”提升学生抽象素养的认识.

吴卫国

2022 年 10 月 9 日

目录

第一章 绪论 1

第一节 “主题螺旋进阶”的相关概念/3
第二节 高中数学抽象素养的凝练路径/4

第二章 “主题螺旋进阶”的理论基础 6

第一节 建构主义理论/7
第二节 最近发展区理论/9
第三节 螺旋式课程设计理论/10
第四节 学习进阶理论/11
第五节 主题教学理论/13

第三章 数学抽象与数学教学的研究现状 14

第一节 数学抽象与数学教学的国内外研究现状/15
第二节 高中各年级学生数学抽象素养水平现状/19

第四章 “主题教学”的关键阶段及其相互关系 24

第一节 “准备阶段”的主题教学内容与要素分析/26
第二节 “设计阶段”的主题教学目标与流程设计/27
第三节 “评价阶段”的主题作业设计与评价设计/33

第五章 “主题螺旋进阶”的方案设计与实施路径 42

第一节 主题支架/43
第二节 实施路径/44
第三节 案例分析/49

第六章 “主题螺旋进阶”的教学策略与素养达成 103

第一节 专题教学——在宏观架构中为素养建脉/104
第二节 以史为鉴——在内涵深化中为素养探源/109
第三节 说练结合——在体验学习中让素养生根/117
第四节 多元交汇——在达成目标中为抽象立基/127

第七章　反思与前景展望 135

附录/137

附录 A　高中各年级学生自我认知问卷(问卷一)/137

附录 B　高中各年级学生抽象素养测评卷(问卷二)/140

参考文献/146

第一章 绪论

在大数据时代背景下，借助计算机技术的支持，通过对数据的获取、挖掘、处理以及对网络、文本等渠道来源的信息作数字化处理，拓展出了数学新的应用天地．近几年内数学与计算机的结合促进了当今人工智能的发展，并带动许多领域发生革命性的变化．面对数学发展的时代性特点，人们不仅要拓展数学教育观念，更需要进行数学教学的改革，让学生的学习适应时代之需要．

2016年9月，我国发布了《中国学生发展核心素养》，昭示着我国教育的指导思想从教“知识”向育“素养”的重大转变.《普通高中数学课程标准(2017年版)》(以下简称《标准》)开发了学科核心素养体系，提出数学抽象、逻辑推理、数学建模、直观想象、数学运算、数据分析这六大数学学科核心素养.这些核心素养既各自独立又彼此关联，组成一个有机的整体.数学抽象是指舍去事物的一切物理属性，得到数学研究对象的思维过程，它是认识客观世界的独特方式，是无论从事何种职业的公民都不可或缺的基本素养，因此成为六大核心素养之首.本研究采用将主题下涉及的相关内容进行统整的方式，来提升学生的数学抽象素养.

《标准》在内容设计上力求凸显整体与系统，提出“主线—主题—核心内容”的结构，可广大数学教师如何真正领会其精神，如何打破旧教材固有的划分进行有效统整，如何使用新教材进行教学实践，如何真正在数学教学实践中把《标准》落地，这些都是亟须面对的问题.

本研究意图通过“主题螺旋进阶”在学生数学抽象素养的培养上做些探索，为一线教师使用《标准》提供参考.

第一节 “主题螺旋进阶”的相关概念

一、“主题整体”教学设计

“主题整体”教学是指教师根据教学的需要，结合教学内容在结构上的关联，将相关的、零星的教学内容重新组合为一个“大主题”而开展的教学活动. 这一活动开展的基本前提，就是教师根据主题整体的需要、学生学习情况等进行教学内容的选择和统整，避免教学内容的碎片化处理. 主题内容的选择可以是现成教材中固定的章节，也可以是对既有教材章节内容的重组，还可以适时地渗透进与此相关的数学思想方法.

二、“螺旋进阶”教学法

本研究中的“螺旋进阶”教学法，可使学习者在教师引领下，围绕主题下划分的各教学阶段，通过连贯且逐渐深入的学习，对概念原理的认知不断加深，对于主题内容的理解与掌握呈现螺旋上升之势，并趋于系统化、整体化. 主题下各教学阶段内容呈现出的序列是有逻辑先后顺序的概念组合，各阶段水平的达成度彼此间是相互影响的，因此，教师在完成一个阶段的教学内容后，要对学生的学习成果进行阶段性的检验，并根据检测结果制定下一阶段的教学目标，重组教学内容，调整教学设计，完善评价方案，如此螺旋往复，直至主题教学任务的完成.

三、数学抽象

《标准》指出：数学抽象是通过对数量关系与空间形式的抽象，得到数学研究对象的素养. 主要包括：从数量与数量关系、图形与图形关系中抽象出数学概念及概念之间的关系；从事物的具体背景中抽象出一般规律和结构，并用数学语言予以表征.

关于数学抽象的内涵，《标准》给出了以下说明：通过高中数学课程的学习，学生能在情境中抽象出数学概念、命题、方法和体系，积累从具体到抽象的活动经验；养成在日常生活和实践中发现问题的习惯，把握事物的本质特征，以简驭繁，运用数学抽象的思维方式思考并解决问题. 数学抽象主要表现为：获得数学概念和规则，提出数学命题和模型，形成数学方法与思想，认识数学结构与体系.

第二节　高中数学抽象素养的凝练路径

一、了解目前高中各年级学生数学抽象素养水平现状

研究内容：

编制并发放涉及数学抽象素养的 3 个层级的各年级问卷，以明确目前高中不同年级的学生数学抽象素养水平现状.

实施路径：

在上海市不同区域，对多所实验性示范性高中、普通高中及民办高中各类学校发放问卷，并结合问卷调研的结果，对部分学生进行个别访谈，明确目前高中不同年级的学生数学抽象素养已达到的层级水平现状，为后续进一步开展研究提供依据.

二、明确基于“主题教学”培养“数学抽象素养”的关键阶段及相互关系

研究内容：

1. 在“主题教学”的“准备阶段”，教师应如何根据教学内容、学生学习情况、课程标准要求等确定主题教学及其组织形式，如何分析主题教学重难点、具体课时重难点及采用的教学方式.

2. 在“主题教学”的“设计阶段”，教师应如何编制主题教学目标，设计主题教学流程.

3. 在“主题教学”的“评价阶段”，依据编制的教学目标评价学生的学习成果.

实施路径：

根据所确定的主题教学各阶段流程进行教学实践，根据具体情况不断进行改进.

三、探索基于“主题螺旋进阶”落实“数学抽象”的设计方案与具体路径

研究内容：

1. 根据课程主线确定“主题”内容.

2. 分析“主题教学”设计中的教学要素.

3. 研究“主题螺旋进阶”的教学流程及实施路径.

实施路径：

1. 梳理沪教版高中数学教材中的重要知识和思想方法，确定教学组织方式.

2. 从教学内容分析、课标分析、学情分析、教材分析、重难点分析、教学方式分析等角度对“主题教学”设计中的教学各要素进行分析.

3. 设计“主题螺旋进阶”的教学流程. 针对确定的主题教学内容，对主题进行阶段划分，并针对重难点再对每个阶段进行课时划分. 通过主题流程分解、细化后的课时目标与主题总目标之间的联系，制定每课时的分流程，设计具体实施路径.

四、构建基于“主题教学”培养高中学生数学抽象素养的层级评价题库

我国关于数学抽象素养的定量研究一直在进行中.《标准》中提供了数学抽象素养层级指标,在此基础上,本研究拟建立一套专门的针对高中生数学抽象素养的教学检测评价题库.

第二章 “主题螺旋进阶”的理论基础

“**主题**螺旋进阶”的研究建立在建构主义理论、最近发展区理论、螺旋式课程设计理论、学习进阶理论、主题教学理论的框架基础之上. 其中,建构主义理论中的学习观提出了学习的情境和活动要求,最近发展区理论要求找到学习者的最近发展区进行有效学习,螺旋式课程设计理论指出了深度学习的一般特点和规律,学习进阶理论要求清晰地呈现出学习者先前与日后所学内容之间的关系,主题教学理论立足于课程论,要求对教学结构进行重构和优化,从而进入高阶学习. 以上理论从学习观、课程论等层面剖析了学习的本质特点,共同构筑了本研究的理论基础.

第一节 建构主义理论

建构主义的思想来源于认知加工学说，以及皮亚杰、布鲁纳、维果斯基等的思想. 比如，皮亚杰和布鲁纳的认知观点、维果斯基的“文化—历史”发展论中的内化说，都解释了如何使客观的知识结构通过个体与之交互作用而内化为认知结构.

在建构主义看来，从某种程度上来讲，知识与其说是个名词(knowledge)，不如说是个动词(know). 知识是一个不断认知、体认和建构的过程. 学习是在具体的、情境性的、可感知的活动之中进行的，它不是一套独立于情境的知识符号，不可能脱离活动情境而抽象存在，它只有通过实际情境中的应用活动才能真正被人所理解. 建构主义的这一情境性认知的观点，强调学习、知识和智慧的情境性，知识是不可能脱离活动情境而抽象存在的，学习者是通过对某种社会实践活动的参与形成对事物的认识. 在学习上，建构主义强调学习的主动性、社会性和情境性，因此，抽象的教学有时是不能脱离具体事物进行的，学生对事物有了直观的感知，才能更好地进行抽象活动.

当代建构主义学习理论在上述教育思想的基础上不断丰富与发展，对“主题螺旋进阶”教学的首要影响是学习观，“学习应该与情境化的社会实践活动结合起来，这样才能更好地进行抽象活动”. 这一学习观认为：学生是主动的信息构建者，学习过程中的高水平思维活动，需要学习者对外部信息做主动的选择和加工，对知识进行分析、综合、评价和灵活运用，从而解决具有一定复杂性和不确定性的问题. 同时强调：学习作为个体原有经验与社会环境互动的加工过程，每个人都是以自己的经验基础来建构现实，因此，每个人都有自己对于客观事物的理解. 进而认为：课程知识和课本知识，只是一种关于某种现象的较为可靠的解释或假设，并不是解释现实世界的“绝对参照”. 某一社会发展阶段的科学知识固然包含真理，但是并不意味着终极答案，随着社会的发展，肯定还会有更真实的解释. 更为重要的是，任何知识在被个体接受之前，对个体来说是没有什么意义的，也无权威性可言. 所以，教育教学不能把知识作为预先决定了的东西教给学生，不要以我们对知识的理解方式来作为让学生接受的理由，不要用社会性的权威去压服学生. 学生对知识的接受，只能由他自己来建构完成，以他自己的经验为背景，来分析知识的合理性. 在学习过程中，学生不仅需要理解新知识，而且还要对新知识进行分析、检验和批判. 这种新的学习观对传统课程和教学理论产生了巨大挑战.

基于当代建构主义对学习观的新理解，在现代教育教学过程中，教师必须持有的教学观的具体表现为：教师的教学要为学生创设理想的主题学习情境，激发学生的推理、分析、鉴别等抽象的思维活动，同时给学生提供丰富的信息资源、处理信息的工具及适当的帮助和支持，促进他们自身意义建构. 建构主义理论为“主题螺旋进阶”的教育教学范式提供了可以支撑的逻辑支架，教师按照主题的需要对教材章节或直接引用或重新整合，将相关的零星的教学内容统整在同一个主题下，形成模块、知识、方法、素养等各类主题，将学习者学习过程中的主动建构、个体经验和时代发展三位一体、关联融合，帮助每位学习者建构符合个体认知特征的、从具体到抽象的、从外显到内化的、从低级到高级的学科知识体系.

第二节 最近发展区理论

最近发展区理论是由苏联心理学家维果斯基提出的一种教育发展观. 这一理论认为学生的发展分为两种水平:一种是学生的当前发展水平,指在独立活动时学生所能达到的解决问题的能力水平;另一种是学生的潜在发展水平,是指经过教学活动后学生所达到的水平. 最近发展区就是当前发展水平和潜在发展水平之间的地带. 在学生发展过程中,当前发展水平和潜在发展水平并不是固定不变的,而是处在不断变化之中,逐级提升.

根据这一理论,由于存在发展区之间的差异,如果教学内容和难度在学生现有的发展水平之下,那么学生将感觉学习枯燥无意义,因而学习热情低下,难以促进其发展;如果教学内容和难度太高,远超过学生潜在的发展水平,那么学生将难以理解教学内容,不能内化所学知识,学习效能感低下,这样的教学同样难以促进学生的发展. 因此,教学应当将着力点放在最近发展区,将有一些难度的内容提供给学生,激发学生学习的积极性,发挥其潜能,从而超过最近发展区,达到下个阶段的发展水平,并以此作为下一个最近发展区学习的基础.

最近发展区理论为实施“主题螺旋进阶”提供了有效的教育教学原理,反映在教育教学过程中,就是教师必须要为每位学生提供“够得着”的主题学习难度,即在当前的发展水平和潜在的发展水平之间架设桥梁,帮助每位学习者找到各自每一阶段的最近发展区,经历螺旋进阶的学习过程,即由浅入深、由表及里、不断深化主题下的内容学习,并以此作为下一个最近发展区学习的基础,由此循环,逐级提升数学抽象素养.

第三节　螺旋式课程设计理论

螺旋式课程设计是由教育心理学家布鲁纳所提出的一种课程设计理论. 这一理论强调:应尽早将学科教学的基本结构置于课程设置的开始,并将其纳入设计的中心地位. 因为随着学生年龄和心理的成熟、认知能力的发展,在不同阶段的学习中反复出现早期已涉及的学科教学主题和内容,能使学科的基本结构得以在这个过程中以螺旋的形式展开,并不断地拓展与深化. 在此基础上,布鲁纳还进一步指出:若先前的学习能使日后学习变得更容易,那么就需要提供一个一般的学习图景,尽可能清晰地呈现出先前与日后所学内容之间的关系,通过循环往复的学习到达较高水平.

这一课程设计理论实质上把学习看作一个不断累积和逐步演进的进程,学生对于某一学科内容和主题的理解存在着阶段性和差异性的水平,只有在适合的时间段里深入持续地学习特定的学科内容和学科主题,对于该内容的理解和思考才会趋于成熟. 这是一个思维的具体过程,既是问题解决的具体思路,也是具体的运用模式,更是一个庞杂的学科知识体系构建的过程.

厘清这一课程理论,为实施"主题螺旋进阶"提供了可操作的课程架构. 反映在教育教学过程中,教师要深入持续地制定主题下各阶段的学习内容,帮助每位学习者最大限度地调动学习技能和态度,贯通主题下各部分知识之间的关联,通过提取和整理,从具体到抽象,建构主题图谱,形成主题概念.

第四节 学习进阶理论

学习进阶理论源于2005年度美国科教领域的研究结果，但没有一个公认明确的定义，直至2007年，美国国家研究理事会在《让科学走进学校：K－8年级科学学习的学与教》中对学习进阶作了定义，获得了多数研究者的认同和使用. 该文中把“学习进阶”定义为：随着时间的不断增加，学生对某一学习主题的思考和认识呈现不断丰富、精致和深入的一种学习过程. 这一定义试图呈现一种学生思维发展的序列：以设计良好的“学习进阶”课程体系作为骨架，为课程目标的达成提供线路导航图，伴之对学生学习进步情况作适时合理的监察和测量. 在此基础上，我们可以归纳出关于“学习进阶”的3个基本特征：①它是描述学生对于某一学科主题的理解逐步加深认识的发展规律；②它有助于对零碎冗杂知识的整合，使之形成一个有系统的序列或网络；③它具有层次性、阶段性和系统性等特征.

如何建立“学习进阶”教学体系，目前已有文献中尚未提出通用的方法，更无系统的方法论，但对现有方法加以总结，不外乎通过完善的资料收集与整理、作为假设的“学习进阶”整体方案的提出以及“学习进阶”的修订和完善这3个步骤.

对于“学习进阶”方法的组成要素，“五要素”说将学习分为“进阶”的起点和终点、“进阶”水平、学业表现、“进阶”维度和测评工具5个方面. 其中，“进阶”的起点乃是学生开启对于某个特定核心概念学习时所具有的基本水平，而“进阶”的终点则是该生学习某一核心概念时所能达到的最高水平. 相对地，“进阶”水平指的是“学习进阶”过程中各个阶段所要抵达的基本目标，是发展路径上的各个关键性步骤，反映了学生在学习掌握核心基本概念时分层的阶段性与渐进的顺序性，与此同时，各个“进阶”水平也并非毫不相干，而是相互关涉的. 学业表现描述学生处于某个特定“进阶”水平时的具体表现，参照各个“进阶”水平的学业表现，研究者可以判断学生处于“学习进阶”的哪一个发展水平. “进阶”维度是指学生学习多个核心概念时，通过追踪这些核心概念的发展路径可以了解学生的整体学习情况. 只有当学生掌握越来越多的核心概念，研究者通过分析学生的各个“进阶”维度，才能了解学生掌握整个学科基本知识框架的程度. 测评工具是根据“学习进阶”编制的评量试题，通过学生的答题表现来检测学生所处的发展阶段，评量试题应该随着“学习进阶”水平的提高而进一步修改完善，一个“学习进阶”最好开发多套评量试题.

“学习进阶”虽说是一个新的术语，但其相关内涵却早已植根于教育学、心理学的学科和实践领域. 以皮亚杰的“发生认识论原理”和维果斯基的“最近发展区”为代表的研究结果都已预示，对于学生认知和学习发展的诸阶段的系统性研究能够对教与学两方面都带来关键性的变革. 建构主义为“学习进阶”理论提供哲学基础，概念史的研究与发展为“学习进阶”研究本身提供了范式上的预备，心理测量方法的广泛运用为“学习进阶”教学与学习模式的形成提供技术上的专业保障.

目前，数学学习与教学实践中的“学习进阶”问题的相关研究正处于一个方兴未艾的阶段.在与“学习进阶”相关的研究论文中，有很大一部分都聚焦于相关理论和应用的介绍上，剩余的绝大多数是建立在关于特定概念的学科学习与教学实践范式的实证研究.从涉及的学科领域来看，论文主要集中于物理、化学和生物领域学科的研究，针对数学学科领域内的相关研究显得十分有限.总体上可将它们分为两类:一类是关于“学习进阶”的基础性研究，即以具体的实证方法，建立对学生关于特定数学学科主题学习与认知纵向发展的现象描述;另一类则是“学习进阶”在课程、教学和评价体系中的应用性研究.如林哲民的著作中关于因数与倍数学习进程研究，其中简述了“学习进阶”概念的内涵和外延，以“因数”概念为例建立了“学习进阶”的具体实施进程和方法，最终以分析的方式呈现在课程、教学和评价体系等领域的应用性研究范例，指出了倘要充分认识“学习进阶”在数学教育中的理论价值和实践意义，则必须以基础性的实证研究为根基，积极地在课程、教学和评价领域加以推广.因此，“主题螺旋进阶”尝试以基础性的实证研究为手段，充分认识学习进阶理论在数学教学中的指导意义.

第五节 主题教学理论

“主题教学”的起源最早可追溯至1931年美国的“莫里逊单元教学法”,该方法由芝加哥大学的莫里逊教授提出,认为通过单元教学的方式,可以使学生在短时间内通过对一些特定材料的自主学习解决特定的学科问题.1982年,美国学者苏珊·J.科瓦利克及其团队开发了围绕主题教学模式进行课程组织的“整合性主题教学”.20世纪末,佛罗里达州又率先引领了以“核心知识”为宗旨的课程改革,使主题教学逐渐从一种边际范式转变成一种重要的教育教学模式.

由此可以看出,主题教学理论经历了从单元教学到整合性主题教学,再到核心知识引领下的主题教学的发展历程,与我国教育改革经历的“知识本位—能力本位—素养本位”的演进历程基本是一致的.核心知识引领下的主题教学强调从培育学生的素养出发,以主题教学为线索,把主题视作一个不可分割的整体,厘清主题下各部分知识间的关系,强调以核心知识为统领,注重知识学习的螺旋式上升过程.这一过程的教改反映在数学教学上,就是着眼于建立基于数学课程意识的教学观,它超越了知识层面,直指思维,意在对教学结构进行重构和优化,使之形成鲜明的数学学习主题,以便在更高的层次整合数学主干知识,从而进行高阶学习.

根据数学主题的构成方式,主题大致可以分为模块类、知识类、方法类和素养类这四大类型.无论是哪一种,其本质都是基于主题框架下,通过有机整合,培养学生的数学素养,是一种从学生的主体性出发,集现代教学理念、思维和精神于一体的教育模式和方法.这种以“育人”为核心理念的教育教学模式,符合了当前以“立德树人”为目标的教育范式变革的时代要求.

第三章

数学抽象与数学教学的研究现状

第一节 数学抽象与数学教学的国内外研究现状

一、国外研究现状

1. 数学抽象的定义

如果从词源学上来看,“抽象”一词源于拉丁文 abstractic,原意为“排出、抽出”,后来不同学者在此基础上给出了不同的定义. 迪内斯(Dienes)把抽象定义为“提取不同情境中的共性,并形成一个新的类别,这个新形成的类别最终能够用来检验其他因素是否符合这种属性的检验标准”. 而在斯根普(Skemp)看来正好相反,抽象是一种差异化过程,是出于进行某种转化的目的把特定的特征从全体中区分开来. 同时,这种特定的差异性又必将以新的形式整合到新的整体中去. 以上两种定义,其要义都是在数学的具体情境中提取出共性或差异性,这一提取过程的本质就是数学抽象.

苏联心理学家克鲁切斯基认为,数学抽象是一种至关重要的数学思维能力,是一个动态的变化过程,它不仅存在并显现于日常活动中,而且在日常活动中逐步地形成与发展. 以此为据,克鲁切斯基将“中小学生数学能力”分成 3 个阶段:第一阶段为数学材料的形式化阶段,即把抽象形式从具体的材料内容中分离出来,亦即从具体的数量关系和空间物理形式中抽象出来;第二阶段为概括数学材料阶段,即脱离无关的内容,找到最重要的事物,并在不同形式的对象中找出共同点;第三阶段为抽象推理阶段,即进行适当分段的抽象逻辑推理,运用证明和演绎等各种方式压缩推理进程,并用简洁的结构来进行抽象思维.

2. 数学抽象的分类

在数学抽象的分类问题上,从思维水平的角度来进行分类,可分为思维的层次、思维的分类、思维的表现. 如布卢姆教学目标分类、SOLO 分类、韦伯“知识深度水平”、马尔扎诺“思维维度”等框架,这些框架有很强的共性,都涉及了“分析”与“评价”. 其中,“分析”强调要素的分解和要素间的联系,如 SOLO 分类中的“关联结构层次”,“思维维度”中的“生成、整合”强调基于已有信息整合形成新的产品. “评价”强调各要素的作用和对要素综合后的拓展升华,如 SOLO 分类中的“抽象拓展层次”;韦伯“知识深度水平”提到对问题进行拓展、建立原创理论;布卢姆分类中的“创造”.

Mitchelmore 等人则按照抽象的形式,将其分为经验性抽象、水平数学化抽象及垂直数学化抽象,三者间是逐级递进的关系. 经验性抽象是最初级的学习层次,在这一层次中的学习者能够意识到对象、情境或经验之间的相似性,并把它们与其他事物相区分开,再将这种相似性以对象化的方式内化为感官中的特定心理对象. 水平数学化抽象和垂直数学化抽象相较于经验性抽象而言,是一种理论抽象. 水平数学化抽象将对象通过符号语言转译,利用数学符号表示给定情境中的内在结构,从而形成一个数学对象;垂直数学化抽象,是在水平抽象的进程中形成一个新的对象,以揭示若干已构建的数学对象之间的本质特征. 与之相类似，荷兰数学教育家弗赖登塔尔认为，所谓的数学教学也即是“数学化”的过程，并提及了水平数学化和垂直数学化的概念．他认为，水平数学化指的是从特定情境的问题到数学问题的转化，即是从特定情境中探求抽象的数学问题的过程；垂直数学化是指紧随水平数学化之后进行的进一步的数学思维的抽象化，是从具体数学问题到抽象概念和方法的转化，比如与之对应的特定的命题和公理．所以，数学教学应该培养学生的数学抽象思维，克服抽象思维困难，实现再创造式的数学学习．

在厘清了数学抽象的定义和分类问题后，苏联著名数学教育理论家斯托里亚在《数学教育学》一书中指出：“数学教学即是从相关数学材料中抽象出概念和公理体系，教学生像数学家一样进行数学上的抽象思维．”

二、 国内研究现状

1. 数学抽象的分类

在数学抽象的分类问题上，按照数学抽象的不同要素大致分为纯粹数学抽象的哲学思维思辨、复杂抽象的概念内涵类别、抽象进程本身的特征与层次等几类．对数学抽象哲学思辨的研究，如吕林海教授从数学抽象产生的背景、内容、方法、形式和过程等方面，讨论了纯粹的数学抽象思维活动的过程与结果、形式与实质之间的思辨关系，认为这是深化数学教育理论研究和教学实践的需要．对数学抽象内涵与类型的研究，如钱珮玲教授在《数学思想方法与中学数学》中指出：数学抽象是一种特殊的抽象，具体表现在它的抽象内容、程度和方法上．其中内容上的特殊性表现为数学抽象仅抽取事物或现象的量的关系和空间形式，而舍弃其他的一切，并将数学抽象思维分成性质抽象、关系抽象、等置抽象、无限抽象以及弱抽象和强抽象．对抽象本身的特征与层次的研究，徐利治教授在其著作《徐利治谈数学方法论》中从两个方面给出了抽象的两种含义：其一是就抽象过程而言，指从许多事物中通过舍弃个别的非本质属性，抽象出带有相似性的共同的本质属性；其二则是就抽象概念本身，指那种偏离具体日常生活经验较远，因而不太容易理解的对象．史宁中教授在《数学思想概论》中将抽象思维的深度划分为简约阶段、符号化阶段和普适阶段 3 个层次．简约阶段，即把握事物的本质，把繁杂问题简单化、条理化，能够清晰地表达；符号化阶段则是去掉具体的内容，利用概念、图形、符号、关系表述，包括已经简约化了的事物在内的一类事物；普适阶段是通过假设和推理建立法则、模式或者模型，并能够在一般意义上解释具体事物．

2. 数学抽象与数学教学上的联系

在以上研究的基础上，数学抽象研究聚焦于数学抽象与数学教学上的联系．如赵静在研究中通过对数学课本内容的分析，统计了不同类型的数学抽象思维在教科书中复现的频次，以及通过编写相应的试题和问卷研究初中数学教学中抽象思维部分的教学．张智灿则以高中阶段的数学概念和证明方法教学的两个维度为例，给出了 3 组针对不同情景与引入环节的数学抽象思维教学的培养策略，并从学生心理接受的角度提出了一般的学习策略．郝建英以高中阶段数学相关概念的抽象概括能力为切入点，运用多种策略，以学生为主体，引导学生积极、主动地参与和体验数学思维的运用，以实践的方式培养学生运用日常语言和数学语言进行数学概念的抽象概括的思维能力．

3. 数学抽象度及其应用

在分类研究的基础上，国内学界在对样本教学分析量化的基础上展开对数学抽象度及其应用的研究. 数学抽象度是指数学概念的抽象性层次，主要包括抽象度分析法、数学抽象度理论、抽象度与教学等方面. 徐利治、张鸿庆指出，数学中许多概念的抽象性质正是经由一系列阶段的演变和发展而产生的，“数学抽象度”这一一般概念，用以普遍刻画概念的抽象性层次，并在此基础上论述了“抽象度分析法”的基本概要. 陈琢在徐利治教授等人对于数学抽象度分析法研究的基础上对其做出了更进一步的讨论，提出“相对关系度”和“半核”的概念，以及与之对应的布尔矩阵算法，最后又将这些算法置于绝对几何系统中加以应用. 刘玉忠、刘艳清则运用了徐利治教授所创立的抽象度分析法，对中学数学中一系列问题的抽象程度与抽象层次进行了定量分析.

综观国内外关于数学抽象教学的资料，不难发现，对高中数学抽象素养的研究众说纷纭，但界定视角主要分为以下 3 类：①从数学哲学的角度来探寻，即从思维方法的角度，分析数学抽象思维的内涵及特点；②从心理学视角来看，多建立在认知与思维活动发展的角度，结合学生所体现的具体认知情况来进行研究；③从数学教育的角度来看，对各个年龄段数学抽象思维的渗透及学生抽象能力的培养有所关注. 以上 3 类视角关注较多的是中低年级，策略性的研究匮乏，且缺少深入剖析，对于培养途径方面的研究也相对较少. 加之，我国对于学生数学学业成就的评价方式基本是通过各类各级考试，很难了解到学生具体的“进阶”水平和学习进程. 简言之，目前中学数学教学中对于学生数学抽象素养的评价方式是偏终结性的，而远非阶段性、形成性的评价，这类评价仅能判断学生是否掌握了知识要点，而很难了解到学生的数学抽象素养水平，也很难对学生的学习进程进行总体性的考量.

三、 高中数学教学中抽象素养的研究

数学抽象侧重研究的是数量和数量关系的抽象，这是思维的体现，主要有两种形式：一种是理想化的形式，如从实际生活中的“量”抽象出“数”，而在现实生活中只有“量”没有“数”，也就是说，“数”只是“量”的符号化的抽象表示；另一种是在数学内部的形式，用“等势抽象”把某一类数学概念进一步抽象为更上位的大概念.

这两种形式的数学抽象具有四大特点：①高阶目标，即以发展数学学科核心素养为目标，强化学科一般观念、高阶思维、批判性思维、创造性思维等的发展；②真实问题，即以发展和变化的眼光看待已有的或已解决的数学问题，重在发现、提出蕴含着新的数学知识、数学原理、数学方法、数学结论的“真问题”；③有效探究，即基于数学知识发展和数学问题，解决内在的逻辑关系，揭示新旧知识间的联系与差异、变与不变，尤其是依靠一般学科观念、知识建构策略、问题解决策略等方面的共性，即“不变”，开展“真探究”；④产生新知识、新见解，即超越知识的习得、认证和运用，走向创造新的知识和获得新的学习体验.

以“主题螺旋进阶”的形式开展数学抽象素养的研究，是“双新”背景下数学学科的时代要求，是在特定的数学情境中，通过利用和调动各种资源（包括技能和态度），以满足抽象需要的能力，是一种高级的心智活动，是根据数学的本质规定和最为突出的特征而提出的，为培育进入 21 世纪后信息时代与未来社会的新型人才做准备，其研究核心是在事物

的变化和发展中认识事物、把握事物，并通过认识和把握事物变化中的共性和差异性来把握事物的本质与发展规律. 基于数学知识和数学问题的相似性、联系性与结构性，从已经提出和解决的数学问题出发，通过改变问题的情境、条件、障碍、目标，提出蕴含着新的数学概念、原理、方法或重要结论的新问题，紧扣新旧知识、新旧问题之间的联系与区别、“共性”与“差异”，既为学生提出和解决新问题做好铺垫，又逐步将学生引向深度学习，以利于他们形成数学学科的一般观念. 发展高阶思维能力的教学，关注数学学科教学的实质、内蕴的知识、学科思想，聚焦高中生数学抽象素养的达成与评价，能促进学生数学抽象素养的提升，有效推进数学教学的优质化发展.

第二节　高中各年级学生数学抽象素养水平现状

本节通过对上海市高中学生数学抽象素养水平的问卷调查与分析，意图明晰高中生数学抽象素养水平现状，通过“主题螺旋进阶”来推动数学教学改革，提升数学抽象素养.

一、问卷设计

对高中生数学抽象素养水平的调查，选取了上海市不同区域的 3 所示范性实验性高中、3 所普通高中、2 所民办高中. 共下发调查问卷 3 892 份，回收有效问卷 3 735 份.

评价学生的数学抽象素养水平可从学生自我认知和素养测评两个维度进行测评.

自我认知问卷(以下简称为“问卷一”)，从学生的数学学习现状、学习方式、心理状况、教师引导、与生活经验的融合等角度测评学生对数学的自我学习现状(见附录 A).

抽象素养测评卷(以下简称为“问卷二”)，以客观分数量化测量学生数学抽象素养水平层级，测评的主要依据是《标准》中数学抽象素养的 3 个水平层级，抽象素养测评试题来自《标准》提供的样题与历年上海高考题的改编题. 问卷二设置填空题、选择题和解答题 3 种题型，每次正测前都先进行预测，针对检测中发现的问题，如问题难易排序不合理、题意表述不明确、测试时间不足等进行修正.

各年级修改后的测评卷(见附录 B)，测试时间从 50 分钟延长至 90 分钟，测试题难度设置呈阶梯状递升，涵盖了数学抽象素养水平一到水平三，修改了模糊的表述，使之清晰明确. 各年级测评题考查的知识点与水平层级分别见表 3-1～表 3-3.

表 3-1　各题考查的知识点与水平层级(高一年级)

试题题号	知识点	考查水平
1	集合的概念	水平一
2	集合之间的关系、集合的运算	水平一
3	集合的表示方法、集合的运算	水平二
4	有限与无限的转化、整体的思想	水平二
5	解直角三角形	水平一
6	数学新定义问题理解与应用	水平三
7	实际生活中正比例函数的应用	水平一
8	不等式性质、不等式证明	水平二
9	实际生活中不等式性质的应用与证明	水平二
10	解三角形的实际应用	水平二

续表

试题题号	知识点	考查水平
11	对实际生活中的问题进行数学抽象与解释	水平三
12	三角不等式、数形结合	水平一
13	三角不等式、不等式的性质、数形结合	水平二

表 3-2　各题考查的知识点与水平层级(高二年级)

试题题号	知识点	考查水平
1	对数函数过定点问题	水平一
2	空间想象在立体几何中的应用	水平一
3	函数的奇偶性及其应用	水平一
4	点到平面的距离	水平二
5	函数的奇偶性	水平二
6	复合函数的单调性	水平二
7	空间几何体中的轨迹问题	水平三
8	以集合为背景的整除问题	水平二
9	异面直线间距离	水平三
10	线线垂直与无棱二面角	水平一、水平二
11	数学建模	水平三

表 3-3　各题考查的知识点与水平层级(高三年级)

试题题号	知识点	考查水平
1	平面向量的概念与特殊向量	水平一
2	函数定义域的概念	水平一、水平二
3	同一函数的概念和函数三要素	水平一
4	平面向量的平行	水平一
5	函数值域的求解	水平一、水平二
6	函数性质在实际问题中的运用	水平二
7	运用单位圆解释和分析三角函数概念、性质以及运用单位圆的直观模型解决三角函数问题	水平一、水平二、水平三
8	有理函数在现实生活中的应用	水平一、水平二、水平三
9	圆的参数方程、向量数量积的理解与应用	水平三
10	对实际问题进行数学抽象	水平二

二、评价标准

新课标将高中生数学抽象素养分为高中毕业水平、高考水平、拓展水平 3 个层级，具体见表 3 - 4.

表 3 - 4　高中生数学抽象素养水平

水平	素养
	数学抽象
水平一	能够在熟悉的情境中直接抽象出数学概念和规则，能够在特例的基础上归纳并形成简单的数学命题，能够模仿学过的数学方法解决简单问题. 能够解释数学概念和规则的含义，了解数学命题的条件与结论，能够在熟悉的情境中抽象出数学问题. 能够了解用数学语言表达的推理和论证；能够在解决相似的问题中感悟数学的通性通法，体会其中的数学思想. 在交流的过程中，能够结合实际情境解释相关的抽象概念.
水平二	能够在关联的情境中抽象出一般的数学概念和规则，能够将已知数学命题推广到更一般的情形，能够在新的情境中选择和运用数学方法解决问题. 能够用恰当的例子解释抽象的数学概念和规则；理解数学命题的条件与结论；能够理解和构建相关数学知识之间的联系. 能够理解用数学语言表达的概念、规则、推理和论证；能够提炼出解决一类问题的数学方法，理解其中的数学思想. 在交流的过程中，能够用一般的概念解释具体现象.
水平三	能够在综合的情境中抽象出数学问题，并用恰当的数学语言予以表达；能够在得到的数学结论基础上形成新命题；能够针对具体问题运用或创造数学方法解决问题. 能够通过数学对象、运算或关系理解数学的抽象结构，能够理解数学结论的一般性，能够感悟高度概括、有序多级的数学知识体系. 在现实问题中，能够把握研究对象的数学特征，并用准确的数学语言予以表达；能够感悟通性通法的数学原理和其中蕴含的数学思想. 在交流的过程中，能够用数学原理解释自然现象和社会现象.

新课标对高中生数学抽象素养水平的划分具有指导性，在具体的操作层面上，南京师范大学喻平教授在《基于核心素养的高中数学课程目标与学业评价》中给出了 3 个划分标准，分别为：理解、迁移、创新. 本研究以此作为依据，制定了问卷二中各题的水平层级与分值，具体见表 3 - 5.

表 3 - 5　问卷二中各题考查水平与分值

	高一年级			高二年级			高三年级		
各题分值	题号	考查水平	分值	题号	考查水平	分值	题号	考查水平	分值
	1	一	4	1	一	7	1	一	4
	2	一	4	2	一	8	2.1	一	4
	3	二	4	3	一	7	2.2	一	4
	4	二	4	4	二	8	2.3	二	4

续表

	高一年级			高二年级			高三年级		
	题号	考查水平	分值	题号	考查水平	分值	题号	考查水平	分值
各题分值	5	一	4	5	二	8	3	一	4
	6	三	4	6	二	8	4	一	4
	7	一	10	7	三	8	5.1	一	4
	8	二	10	8	二	8	5.2	二	4
	9	二	10	9	三	8	6	二	8
	10	二	10	10.1	一	10	7.1	二	4
	11	三	12	10.2	二	10	7.2	二	5
	12.1	一	4	11	三	10	7.3	三	6
	12.2	一	6				8.1	一	3
	13.1	二	6				8.2	二	6
	13.2	二	8				8.3	三	8
							9	三	14
							10.1	二	7
							10.2	二	7
总计	考查水平		总计分值	考查水平		总计分值	考查水平		总计分值
	一		32	一		32	一		27
	二		52	二		42	二		45
	三		16	三		26	三		28

三、数据统计与分析

课题组先后在被测学校的 3 个不同年级发放问卷，对回收的有效测试卷进行编码和评分，再进行定量与定性两方面的分析，见表 3-6.

表 3-6　对回收有效测试卷的分析

数学抽象素养比较	高一年级	高二年级	高三年级
3类不同学校(市实验性示范性高中、普通高中、民办高中)	1. 从数学抽象素养 3 个水平层级上的每小题的得分情况来看，市实验性示	1. 从数学抽象素养 3 个水平层级上的每小题的达标人数占比来看，水平一的达标率为 98.71%，水平	1. 从数学抽象素养 3 个水平层级上的每小题的得分情况来看，市实验性示范性高中学生最高，普通高中学生次之，

续表

数学抽象素养比较	高一年级	高二年级	高三年级
3类不同学校(市实验性示范性高中、普通高中、民办高中)	范性高中学生最高,普通高中学生次之,民办高中最差; 2. 所有学生在水平二、水平三上成绩都相对偏低,其中水平三市实验性示范性高中学生达标人数占比 26.41%,普通高中占比 17.51%,民办高中占比仅有 10.97%	二的达标率为 83.12%,水平三的达标率为 60.24%; 2. 从思维与表达、情境与问题、交流与反思的目标达成度上来看,学生在思维与表达方面的表现较好,达标者占 77.24%;达到感悟数学通性通法要求的学生较少,占 34.8%;情境与问题方面,学生在综合情境中抽象出数学问题的能力较差,占 17.26%;在交流与反思方面学生的表现最差,仅占 6.5%	民办高中最差; 2. 所有学生在水平二、水平三上得分相较于水平一而言都相对偏低,从水平二的得分情况来看,市实验性示范性学生达标人数占比 42.38%,普通高中占比 23.85%,民办高中占比仅有 15.05%; 3. 市实验性示范性高中学生水平三达标优势明显,比普通高中高出 28.34%,比民办高中高出 40.33%;普通高中在水平一、水平二上的达标率优于民办高中,水平三的达标率与民办高中无明显差异
同类学校男生与女生	1. 男女生在水平一上,成绩无明显差异; 2. 男生在水平二、水平三上得分高出女生 5.35%	1. 在 3 个水平层级上,男女生成绩无显著差异; 2. 女生在水平一上得分高出男生 5.05%	男女生在 3 个水平层级上,成绩无明显差异
同类学校文科生与理科生	偏理科学生在 3 个水平层级上成绩均高于偏文科学生,其中水平一得分高出 2.73%,水平二得分高出 7.73%,水平三得分高出 2.63%	偏理科学生在 3 个水平层级上成绩均高于偏文科学生,其中水平一得分高出 3.12%,水平二得分高出 8.87%,水平三得分高出 4.13%	偏理科学生在 3 个水平层级上成绩均高于偏文科学生,其中水平一得分高出 4.12%,水平二得分高出 9.37%,水平三得分高出 7.54%
学生学习心理	有关联性	有关联性	有关联性
教师引导作用	正相关	正相关	正相关

从表 3-6 中可以看出,从数学抽象素养 3 个水平层级上的每小题的得分情况来看,市实验性示范性高中、普通高中、民办高中得分逐次递减,同类学校男生与女生在数学抽象素养各水平上均无明显差异,这就说明不同的数学基础是决定学生数学抽象素养不同水平层级的关键因素;同类学校偏理科学生在数学抽象素养 3 个水平上成绩都高于偏文科学生,这与理科生在理性思维和抽象思维上比文科生更有优势有关,学生的心理状态与教师的正向引导也在相当程度上影响了学生数学抽象素养的水平.

第四章 “主题教学”的关键阶段及其相互关系

主题螺旋进阶教学中的“主题”是指教师根据教学的需要，同时结合各部分教学内容在结构上的联系，将相关的零星的教学内容进行重新组合，并将其统整在同一个主题下.

关键阶段是指准备阶段、设计阶段和评价修改阶段. 一方面，3 个阶段相辅相成，缺一不可，是一个密不可分的整体；另一方面，3 个阶段按序推进，下一阶段在上一阶段的基础上实践完善，最终落实到第三阶段，反馈学生学习的进阶成效，从而使整体的主题教学顺利进行.“主题教学”的关键阶段及其相互关系如图 4－1 所示.

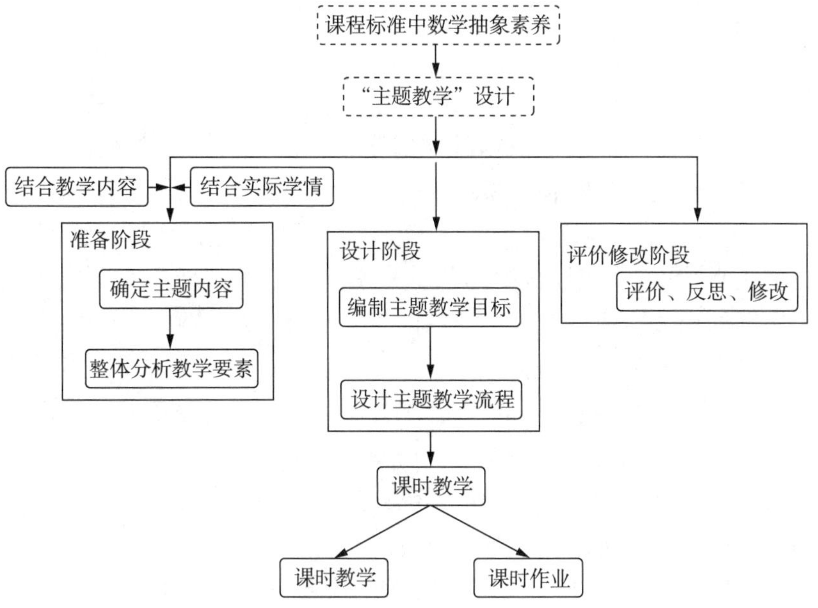

图 4－1 “主题教学”的关键阶段及其相互关系

第一节 “准备阶段”的主题教学内容与要素分析

在主题教学的准备阶段，教师根据教材内容、学生学习情况、课程标准要求等确定主题教学内容、整体分析主题教学各要素.

主题教学内容的构成方式多样，可以由教材自然章节的内容组成，也可以通过重组的方式形成. 所谓重组，既可以把教材中的几个教学单元合并组成一个大主题，也可以将教材跨章节、不连续的相关内容组成一个新的内容主题或方法主题等. 根据以上主题的构成方式，主题大致可以划分为以下 4 种类型：①以教材自然章节为主要内容的模块类主题；②以知识内容为线索的知识类主题；③以思想方法为线索的方法类主题；④以抽象素养为主线的素养类主题. 本研究的数学抽象素养培养主要采用前 3 种类型，在其他素养特别是数学建模、直观想象及数据分析素养培养落实过程中，可以和数学抽象素养培养进行融合，最终达到数学抽象素养全方位融合的目标.

需要关注的是，在《标准》中并没有专门划定培养数学抽象素养的主题，教师可结合《标准》要求和“单元教学设计指南”的要求，参考沪教版高中数学教材的具体内容、编写意图等，自己去确定主题. 同时，由于每位教师对教学内容的理解不同、教学风格迥异，加上施教学生的情况也千差万别，因此，教师在组织实施主题教学时应注意以下 3 点：①在不同主题的螺旋进阶过程中，同一知识点可在不同的主题中反复出现，教师应视学生掌握情况而施以或详或略的教学；②在主题下各教学内容的设计理念上，都应指向学生数学抽象素养的培养；③在具体课时的教学方式、先后顺序的安排上，可以灵活机动，不必整齐划一.

第二节 “设计阶段”的主题教学目标与流程设计

在主题教学的设计阶段，教师根据已经确定的教学主题制定主题教学目标、设计主题教学流程，分析主题下每一具体课时的重难点、教学方式及制定课时作业.

一、 方案设计建议与教学流程

1. 目标设计建议

针对确定好的主题教学内容进行教学目标设计时，可以分为以下 4 个步骤进行. 第一步，针对确定的主题进行各要素分析，这是主题教学目标达成的前提；第二步，根据主题教学的重难点对主题进行阶段划分，这是主题教学目标达成的保障；第三步，对每个阶段进行课时划分并确定进阶要求，在课时划分时，应充分考虑课时教学目标与主题总目标之间的关系，这是主题教学目标达成的关键；第四步，针对每个阶段的每课时设计课时教学方案与进阶测试题，应注意细化后每课时彼此之间的内在关联，要充分考虑具体的实施路径，这是主题教学目标达成的着力点.

主题整体教学及课时流程设计如图 4-2 所示. 这里值得一提的是，具体实践过程中教师需要根据教学情况对初始方案进行适时调整.

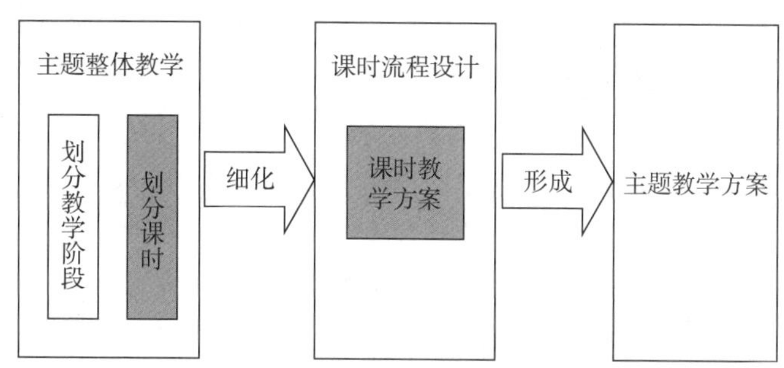

图 4-2　主题整体教学及课时流程设计

2. 教学流程

主题教学的内容，除了会涉及教材中某一自然章节内容外，常常还会涉及多个其他章节与之相关联的内容，这些内容间是由渐进性认知和按照一定的逻辑关系的概念组合而成，主题教学目标的达成是建立在前一个内容的达成基础上的，彼此间相互关联、相互影响. 因此教师在组织教学前，先要依据数学抽象素养的 3 个水平层级，将教学划分成不同的阶段，由浅入深、由表及里、逐次递进，便于今后合理有序地开展教学，如图 4-3 所示.

比如，依照函数单调性内容的渐进性知识与逻辑顺序，可以设计“函数的单调性”主题教学流程如下：

【第一阶段】借助已经学过的初等函数图像，直观理解函数单调性的含义，感悟函数的整体单调和部分区间单调. 让学生从图形语言到符号语言过渡中，感悟从直观想象到数学

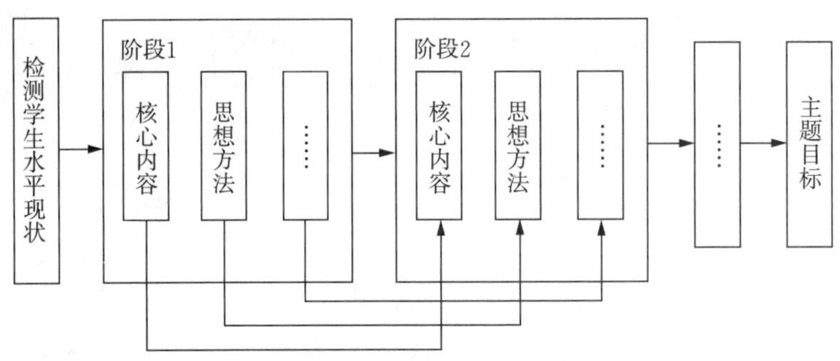

图 4-3　教学的不同阶段

表达的抽象过程. 掌握图形语言、自然语言、数学符号语言之间的转化.

【第二阶段】结合对幂函数、指数函数、对数函数、三角函数等初等函数的研究，理解用代数方法证明函数单调性的基本思路与论证方法，加深对常用逻辑用语中的量词与数学严谨性关系的感悟. 在了解等差数列与一元一次函数、等比数列与指数函数的联系的基础上，感受函数性质在数列中的应用，体会数学的整体性.

【第三阶段】利用导函数研究函数的单调性，感悟导数是研究函数性质强有力的工具，理解函数单调性的本质. 通过利用函数单调性对现实问题进行研究，理解研究函数单调性是为了更好地表达对现实世界的需要.

又如，依照沪教版普通高中数学教科书必修三中第 12 章“概率初步”的设计与安排的递进关系，可以设计“概率初步”主题教学流程如下：

【第一阶段】结合生活中具体例子感悟现实世界中存在的不确定现象，体会用不确定的观点与视角去认识现实世界的新思考方式与思维方法，理解样本点和有限样本空间的概念，正确理解随机事件与样本点的关系.

【第二阶段】结合数学史料，理解古典概型概率，通过对具体实例总结，获取简单古典概型概率的计算公式. 类比集合的关系与运算理解事件的关系与运算，明确互斥事件和对立事件的区别与联系，体会从特殊到一般的思想方法.

【第三阶段】理解贝努利大数定律成立的前提条件是独立重复的贝努利试验，学会对现实中出现的问题用频率对概率进行估计，对于两个随机事件独立性的理解，可以结合有限样本空间开展教学. 结合古典概型，利用独立性计算较复杂的概率问题，学会用数学的眼光观察世界.

特别需要注意的是，在一个阶段的教学内容完成后，教师需要对学生的学习成果进行阶段性的检测，根据检测结果对下阶段教学进行调整，重选、重组教学内容，再实施教学，再检测学习成效，螺旋循环，直至主题教学目标达成.

二、教学设计各要素分析

“主题教学”设计中的各要素分析，包括数学内容分析、课标分析、学情分析、教材分析、重难点分析、教学方式分析等. 具体可以参考《标准》，见表 4-1.

表 4-1 “主题教学”设计中的各要素分析

	要素	具体内容
要素分析	数学内容分析	1. 本主题内容的数学本质、数学文化以及所渗透的数学思想等； 2. 本主题内容在高中数学课程中的地位； 3. 本主题内容在整个中小学数学课程中的地位和作用； 4. 本主题内容在数学整体中的地位； 5. 本主题内容与本学段、前后学段以及大学其他知识之间的联系
	课标分析	1. 课程标准中对本主题内容的要求； 2. 课程标准中对本主题内不同内容要求的关联
	学情分析	1. 学生学习新知识的预备状态； 2. 学生对即将要学习的内容是否有所涉猎； 3. 学生学习新知识的情感态度； 4. 学生的学习方法、习惯以及风格
	教材分析	1. 比较不同版本教材的对本主题内容在概念引入、情境创设、例题习题的编排方式等方面的异同，分析各自的特点； 2. 根据学情选择适当的内容及其处理方式
	重难点分析	1. 主题整体教学重难点； 2. 具体课时重难点
	教学方式分析	从主题整体角度出发，选择合适的教学方式(体现学生的主体性)

以下结合“函数的单调性”的主题来展开分析说明.

1. 数学内容分析

(1) 本主题内容的数学本质、数学文化以及所渗透的数学思想等.

在现实生活中，常会遇到这样的情形：一个量不断增加时，另一个量也随之不断增加；或者一个量不断增加时，另一个量反而随之不断减少. 其实这就是单调性在实际问题中的概念“雏形”. 关注知识与学生现实生活的联系，用函数性质来表示、刻画自然规律，也是数学联系实际的基础.

(2) 本主题内容在高中数学课程中的地位.

数学中运用函数关系来刻画平面上点的特征. 函数的单调性就是对图像上升或下降的最好描述，即从几何直观的角度把握函数单调性. 特别是在讨论函数问题时，要帮助学生养成画函数图形、用函数图形思考问题的习惯，树立“图形意识”是掌握函数性质、学好函数的关键.

(3) 本主题内容在整个中小学数学课程中的地位和作用.

函数的单调性是高中阶段学生所学的函数性质之一，它是对函数概念的学习延续与补充，同时为今后学生进一步研究常见的基本初等函数提供了方法，因此具有承上启下的作用.

(4) 本主题内容在数学整体中的地位.

之所以选取函数的单调性作为主题螺旋进阶教学的内容,其主要原因之一就是它是高中数学重要的核心概念之一,它是继函数奇偶性之后的另一个函数性质,为学生后面学习特殊函数、了解特殊函数性质提供了重要方法. 学生在学习函数单调性的过程中,必须系统地运用科学严谨的代数方法对其进行论证,然后才能深入认识"任意"的意义.

(5) 本主题内容与本学段、前后学段以及大学其他知识之间的联系.

高中阶段的学生已经具备了一定的对函数概念的认知,初步了解了一些简单的初等函数,故结合初中知识提炼函数单调性的概念是行之有效的方法. 从特殊函数入手,继而解决一般函数的普遍性质,这是研究函数性质的一般方法. 在新教材选择性必修二中所给出的函数单调性的导数研究,则使函数单调性的应用更为丰富.

2. 课标分析

(1) 课程标准中对本主题内容的要求.

在数学必修部分,提出要从学生已掌握的特殊函数出发,引导学生联系自己的生活经历和实际问题来理解函数单调性;能够借助函数图像来研究函数的性质,会运用符号语言表达函数的单调性,然后再对特殊函数的单调性进行研究,三角函数部分要求学生理解正弦函数、余弦函数的单调性;在数学的选择性必修二中提出了"利用导数讨论函数的单调性,会求不超过三次的多项式函数的单调区间"的学习要求. 由此可以看出,课标给出的要求呈现出一种螺旋进阶的状态.

(2) 课程标准中对本主题内不同内容要求的关联.

在数学必修一中,已经介绍了函数的单调性是描述函数变化规律的重要性质之一;在数学选择性必修一中感受数列与函数的共性与差异,体会数学的整体性.

3. 学情分析

(1) 学生学习新知识的预备状态.

小学教师主要借助实例,让学生对函数单调性概念产生初步而模糊的认识,形成"自然语言";初中教师主要依托图像直观,让学生通过观察图像,体验并形成函数单调性的"图形语言".

(2) 学生对即将要学习的内容是否有所涉猎.

学生在这一学习过程中主要存在两方面的困难:①从初中函数概念出发,需要从具体且直观的函数单调性的特征中抽象出来,同时还能够运用数学的符号语言加以描述,这是从低水平进阶到高水平层级的一次挑战;②证明函数的单调性定义对学生提出了更大的挑战. 但与此同时,利用导数研究函数单调性的方法,反过来促进了学生对导数与函数单调性关系的理解,帮助学生构建函数学习的知识体系,理解函数问题的实质,这对促进学生思考有很大的作用.

(3) 学生学习新知识的情感态度.

函数单调性的学习让学生迅速了解了高中数学与初中数学学习特点的差异,促进了数学符号语言、图形语言以及自然语言之间的转化,对发展学生分析、归纳、抽象概括能力都是极有帮助的.

(4) 学生的学习方法、习惯及风格.

刚进入高一不久,学生就开始函数单调性的定义的学习,可学生用的绝大多数的学习方法还停留在初中甚至小学阶段. 他们喜欢用观察+归纳的方式从数值与图形中总结提炼结论,这与高中运用逻辑推理的理性要求有一定的差距. 函数单调性形式化的表示对理性化的要求较高,概念中涉及的“任意性”“恒成立”等用语,在教学过程中均需要在教师引导下进行抽象演绎.

4. 教材分析

函数的单调性是沪教版新课标普通高中数学必修第一册第五章第 2 节“函数的基本性质”中的内容,该部分还包括函数的奇偶性、函数的最值等. 函数单调性的学习被安排在函数的奇偶性之后,是本小节中的第二课时,这样安排主要是考虑到函数的单调性是学生较易学习的内容,也是今后进一步学习具体函数的单调性理论的基础. 从主题螺旋进阶的视角看,数形结合思想是贯穿于高中各主题教学之中的.

5. 重难点分析

(1) 整体教学重难点见表 4 - 2.

表 4 - 2 整体教学重难点

重点	1. 经历用“代数法”和“导数法”研究函数单调性的过程,掌握函数单调性的概念,研究函数单调性的方法,体会代数法与导数法研究函数单调性的特征以及引入导数法的必要性与重要性,加深对函数单调性概念的理解,提升数学抽象、数学运算素养; 2. 通过梳理与函数单调性相关的内容,如:函数定义域、函数值域(最值)等,体会函数的单调性对研究函数的重要性及与其他内容的内在联系,提升研究具体函数的能力;通过对函数单调性概念的深层理解,整体把握其数学定义; 3. 体会利用导数研究函数单调性的方法会更简便、更具一般性
难点	1. 掌握证明单调性的方法,形成证明思路; 2. 利用导数判断函数单调性的意义

(2) 各阶段教学重难点见表 4 - 3.

表 4 - 3 各阶段教学重难点

第一阶段	理解函数单调性的概念	重点	1. 函数单调性的图形语言、自然语言和符号语言之间的转化; 2. 能运用单调性定义证明一次函数、二次函数和类似的简单函数的单调性
		难点	1. 函数单调性概念的自然语言和符号语言之间的转化; 2. 利用函数单调性的符号语言证明函数单调性

续表

<table>
<tr><td rowspan="6">第二阶段</td><td rowspan="6">对具体函数单调性的研究</td><td rowspan="2">幂函数单调性*</td><td>重点</td><td>理解幂函数的单调性，会利用幂函数的单调性判断数值的大小</td></tr>
<tr><td>难点</td><td>幂函数单调性的证明</td></tr>
<tr><td rowspan="2">函数 $y=A\sin(\omega x+\varphi)$ 的单调性</td><td>重点</td><td>1. 掌握复合函数单调性的判别方法，并由此得出正弦型函数的单调性；
2. 理解三角函数的单调性与周期、对称轴的关系</td></tr>
<tr><td>难点</td><td>复合函数单调性的证明</td></tr>
<tr><td rowspan="2">数列单调性的判断与证明</td><td>重点</td><td>掌握数列中相关单调性的判断与证明</td></tr>
<tr><td>难点</td><td>利用函数单调性的证明方式解决数列中的相关问题</td></tr>
<tr><td rowspan="2">第三阶段</td><td rowspan="2">运用导数研究函数的单调性</td><td>重点</td><td colspan="2">明确导数与函数单调性之间的关系，借助导数判断函数单调性</td></tr>
<tr><td>难点</td><td colspan="2">探索、发现导数的正负与函数单调性之间的关系，理解研究函数单调性是表达现实世界的需要</td></tr>
</table>

* 指数、对数函数的单调性可参照幂函数的单调性做类似处理.

6. 教学方式分析

教学方式分析是指教师准备采取什么样的教学方式对主题下的内容开展教学.

“函数的单调性”概念是沪教版高中数学必修一第 5 章“函数的概念、性质及应用”中第二节的内容，在这一内容之前教材第 4 章的内容是“幂函数、指数函数与对数函数”. 教师在主题教学设计时，应充分考虑到学情. 我校是一所市实验性示范性高中，学生学习基础较好，认知能力较强，对于初中已学过的一次函数与二次函数的性质掌握牢固，因此我们将教材顺序进行了调整，先学习函数的单调性，再学习幂函数、指数函数与对数函数的性质，将该内容与三角函数及数列中涉及单调性的内容一起用研究函数单调性的方法加以研究，让学生体会将研究函数单调性的一般方法运用到研究特殊函数，这一过程是帮助学生领悟高中数学从一般到特殊的学习过程. 在此基础上，进入函数的单调性学习的第三阶段，通过数形结合，学生能直观认识函数单调性与导数正负之间的内在联系. 同时，通过对比求解不等式和利用导数判断函数的单调性，让学生进一步体会利用导数判断函数单调性的优越性，这样，学生对函数单调性主题的学习经历了从具体到抽象、从特殊到一般的数学抽象的全过程.

第三节 “评价阶段”的主题作业设计与评价设计

在主题教学的评价阶段，教师依据教学目标编制的评价标准去评价学生的学习成效，同时依据评价结果对主题教学作反思与修改.

一、“目标导向”下的作业设计

（一）基本概念

“目标导向”下的作业设计，顾名思义，指为了达到主题教学目标，在主题教学周期内的非课堂教学时间，以课外作业的形式，要求学生完成的学习任务.

课外作业是构成主题教学活动的重要环节之一，目标导向下的课外作业乃是寻求达到主题教学目标的过程，这一过程必须被强烈动机所驱使，为使动机强度保持在较高的水平，课外作业设计必须符合学生认知特点，循序渐进，并以帮助学生达成主题教学的总目标为指针，它既是学生加深对主题教学内容理解的重要途径，也承担着培养学生数学抽象素养的重要任务.

“目标导向”下的作业设计包含平时作业和检测两部分. 对于平时作业，依据完成作业的主体，可以分为由学生独立完成的个人作业、小组合作完成的小组作业；依据完成作业的时间，可以分为短作业、长作业、实验报告等；依据完成作业的内容，可以分为习题类、论文类等. 检测可以依据检测的方式分为口头测试和纸笔测试等. 这就是说，针对不同层级水平的学生，可设置符合其能力层次的多种作业题供其选择，检测成果的方式也可多种多样.

（二）作业设计建议

“目标导向”下的主题作业设计，要充分考虑到数学抽象水平培养的 3 个不同阶段，注意考察新旧知识间的关联以构建知识链，达成总的主题教学目标后，还应遵循科学性与时效性、典型性与系统性、基础性与发展性相结合的设计原则.

1. 遵循科学性与时效性相结合的原则

在 2018 版的《高中数学单元教学设计指南》（以下简称《指南》）中提到作业设计的基本要求：作业内容表述要准确清晰、科学合理、与教学目标保持一致，作业数量与难度符合学生实际，要少而精. 这就是说，对主题作业的设置要注意把内容的科学性与时间的合理性相结合. 内容的科学性是指作业设计所体现的知识与能力要符合学生学习的最近发展区，从时间的合理性上来看，要准确判断学生完成各课时作业的平均时间，还需兼顾不同课时作业完成时间的相对均衡性.

在做法上，高中阶段的数学作业除长作业外，一般每天作业时间约 1 课时，让大部分学生在合理的时间里高效地完成达得到的水平层次作业，这样才能激发学生的强烈学习动机，在不断加深对主题教学内容理解的基础上达到主题学习目标.

2. 遵循典型性与系统性相结合的原则

在《指南》中提到的作业设计要求还有：选编的作业要具有代表性、典型性，关注经典问题与具有时代特征的问题，同时要注意知识点的覆盖面，以及同一课时下各知识点所占比例. 也就是说，对主题作业的设置还要注意内容的典型性与系统性相结合原则，既要注意定性，也要注意定量，通过对典型问题采用恰当的方法进行深入研究，对普遍问题进行归类分析，从特殊问题到推断出一般问题，从已有的一般问题的经验推断出特殊问题的解决方法，能客观、简洁、准确地揭示主题的可测特征，并从质和量两个侧面把握主题的本质特性，形成对主题问题的完整看法.

在做法上，针对不同课时下涉及同一知识点的作业设计，注意在内容编排上的由浅入深，难度上的由低到高，情感、态度与价值观上的潜移默化，只有这样才能达成主题教学目标.

3. 遵循基础性与发展性相结合的原则

值得注意的是，在《指南》中提到的作业设计要求还有：选编的作业需注重基础知识的巩固性，要富有启发性，要关注问题解决的探索性、挑战性和拓展性. 这就是说，问题设计一定要兼顾到不同层级水平学生的学习要求，既有主题目标下必须人人都会、人人都能的具有普适性的基础问题，也要关注到在动态的学习环境下，有促进不同水平的学生达到各自情感能力协调发展的进阶问题.

在做法上，这就要求在开放的思维条件下设计作业. 针对全体学生的基础性定位适切，让不同水平层级学生的发展性得以体现，使学生的个性化与多样化都有增值空间.

（三）作业设计流程

“目标导向”下的作业设计一般有以下 4 个步骤：①总体架构，结合内容、依据学情；②确定目标，根据各课时教学重难点确定作业目标；③编选习题，根据抽象水平要求编选习题；④批改讲评，借助极课系统批改讲评.

1. 总体架构

主题作业设置时，要根据主题教学内容分析完成整个主题作业所具备的内部条件与外部条件. 主题内容的分析是确定作业目标、编选习题的前提. 分析可从以下几个角度开展.

（1）主题下各教学内容之间的联系，以及它们与前后知识之间的联系.

（2）所在学校学生已经具备的认知基础以及尚缺乏的认知基础.

（3）要达成主题教学目标，学生还需具备的认知基础.

（4）教师可以通过哪些提示与帮助促使学生达成目标.

2. 确定目标

目标的达成依赖于教学重点与难点的突破，下面以“函数单调性”的主题目标为例介绍目标的确定.

（1）根据主题目标的需要，确定主题的总目标（整体教学重难点见表 4－2）.

（2）根据主题总目标，设计各阶段的分目标（各阶段教学重难点见表 4－3）. 在确定好主题的重难点和第一阶段课时重难点的基础上，将第一课时“函数单调性”的课时作业目标设置如下.

1）能根据已知函数图像准确判断函数的单调性.

2）理解函数单调性的数学符号表达.

3）掌握用函数单调性定义判断具体函数单调性的步骤.

4）明确函数单调性不同与函数奇偶性的关系，它可以反映函数在定义域的某个区间上的变化规律.

3. 编选习题

编选时需要注意思考如何布点. 主要思考：①习题是否有助于达成本节课的课时作业目标；②题目编排的先后顺序是否符合学生的认知规律；③作业题干的表述是否清晰、准确、无误；④水平一的习题类型主要是填空题、选择题、解答题，水平二和水平三的习题类型可以增加实验报告、小论文等. 这些内容是在命题过程中需要教师反复推敲、琢磨、调整的要点.

【案例 4－1】 “函数的单调性”第一课时作业设计

【作业 1】如图所示，$f(-2)<f(2)<f(8)$，能否据此得出“$f(x)$在$[-2,8]$上递增”的结论？为什么？

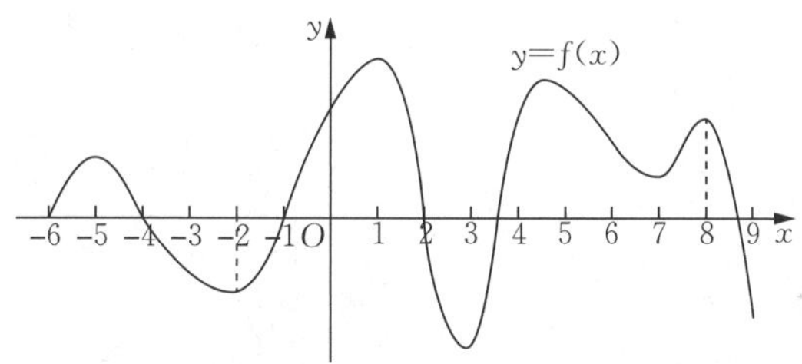

设计意图：研究函数性质，首先应该在定义域内研究；两个自变量的取值的任意性，代表了区间上所有值，注意自变量变化与相应函数值变化的一致性.

【作业 2】若函数 $f(x)$在$(a,b)(a<b)$上是增函数，$g(x)$在$(a,b)(a<b)$上是增函数，则函数 $F(x)=f(x)+g(x)$在$(a,b)(a<b)$上的单调性一定是________.

设计意图：会对函数单调性符号语言与图形语言进行相互转换.

【作业 3】若函数 $f(x)=\begin{cases}ax^2-3x+9, x\leqslant 1,\\ -2x+5a, x>1\end{cases}$ 在 $\mathbf{R}$ 上单调递减，则 a 的取值范围是_____.

设计意图：正确理解函数单调性的定义.

【作业 4】已知函数 $f(x)=\dfrac{10^x-10^{-x}}{10^x+10^{-x}}$，求 $f(x)$的单调区间.

设计意图：会运用函数单调性定义，判断函数的单调性，求函数的单调区间.

4. 批改讲评

主题下各阶段作业批改的形式可以是多样化的. 可以统一收上来后由教师批改，也可以由同学之间互批互改，也可以由学生网络提交后教师线上批改，等等. 无论哪种形式和方法，只要能够达成教师全面真实获取学生作业完成情况的信息即可. 作业讲评的作用不仅是帮助学生纠错，更应是帮助学生树立学习数学的信心与勇气，是“激励、激趣、激情”的过程.因此,在作业批改讲评时应遵循及时性、全面性及艺术性.

(1) 及时性.只有教师及时批改作业,才能对学生及时反馈.第一时间的反馈,有利于师生及时了解教学情况和学习情况,从而进行教学进度的调整与查漏补缺.

(2) 全面性.上交作业应尽量做到全批全改、分组或分层抽样批改,但无论采取哪种形式,都应是以全面了解学生情况为目的.

(3) 艺术性.在批改作业过程中应将作业优秀学生的解答及解答者的名字及时记录,若有不同解答,可以在作业讲评时作对比讲解,也可以让学生自己讲评,并予以表扬.若发现典型错误,则可将错误与出错人记录下来,这样在讲评时才能做到有的放矢.对出现非典型错误的同学尽量不要当众批评,可采取订正面批时个别讲解或让同学间相互找错等方法.

案例 4-2～案例 4-4 是三种不同的作业讲解方式.

【案例 4-2】 两种解法对比

图 4-4 所示为两位学生提供的同一道题目的两种不同解法,讲评时可以和同学一起分析思维的差异,让同学们对比两种解法的优劣.

11. 如图，已知 $AC=8$，B 为 AC 的中点，分别以 AB、AC 为直径在 AC 的同侧作半圆，M、N 分别为两半圆上的动点（不含端点 A、B、C），且 $\overrightarrow{BM}\cdot\overrightarrow{BN}=0$，则 $\overrightarrow{AM}\cdot\overrightarrow{CN}$ 的最大值为 <u>4</u>.

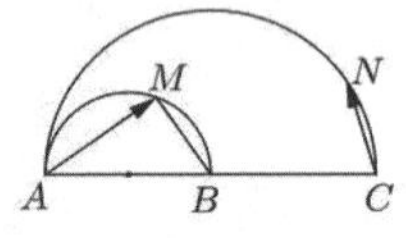

第 11 题图

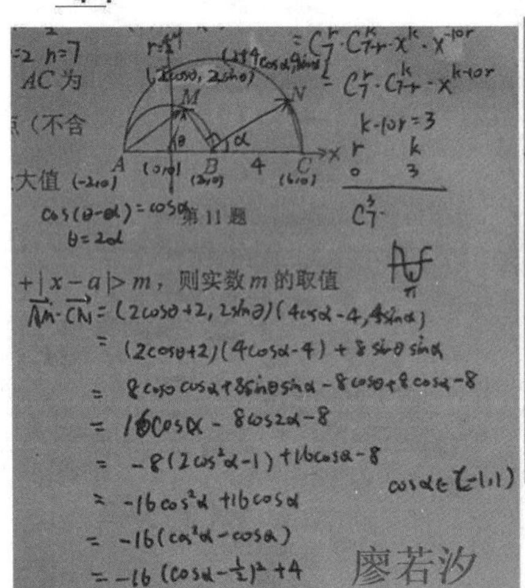

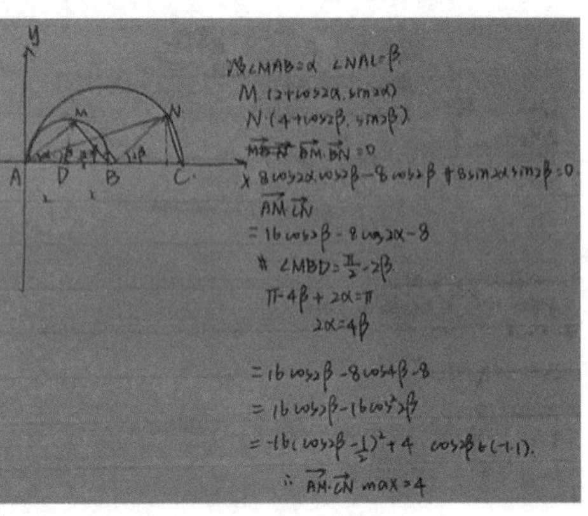

张逸楠

图 4-4 两种解法对比

【案例 4-3】 展示正确解法

图 4-5 所示为一道数列解答题,由 2022 届高三(3)班朱芸奕同学给出解题步骤.选取她的解答主要有两个原因:①该题大多数同学都不会做;②此解法不同于参考答案中提供的解法.所以此题讲评时,朱芸奕同学主要是将她解决问题过程中的所思所想向同学们展现出来.

【案例 4-4】 展示错误解法

图 4-6 所示为学生在作业中暴露出的一道非典型错误题. 在讲解时, 教师可以让同学们针对该生提供的求解过程进行“找茬”活动. 这种趣味化的讲解过程, 不仅能加深学生对出错原因的深刻理解, 更有利于激发学生的学习热情.

21. 已知数列 $\{a_n\}$ 满足: ① $a_n \in \mathbf{N}(n \in \mathbf{N}^*)$; ② 当 $n=2^k(k \in \mathbf{N}^*)$ 时, $a_n=\frac{n}{2}$; 当 $n \neq 2^k(k \in \mathbf{N}^*)$ 时, $a_n < a_{n+1}$, 记数列 $\{a_n\}$ 的前 n 项和为 S_n. (1) 略; (2) 若 $S_n=2020$, 求 n 的最小值.

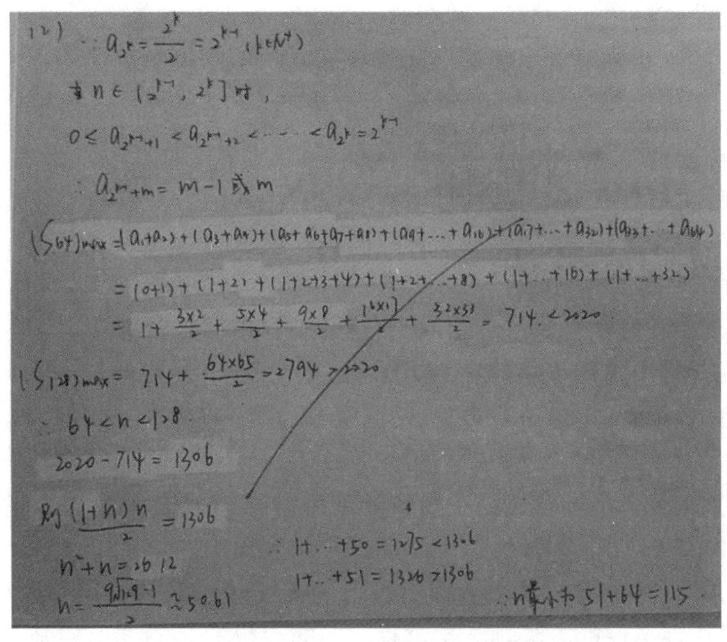

朱芸奕

图 4-5　展示正确解法

12. 若对于任意 $a \in \mathbf{R}$, 都存在 $x \in [-3,3]$, 使得 $|2x^2-1|+|x-a|>m$, 则实数 m 的取值范围是 $\underline{(-\infty,20)}$.

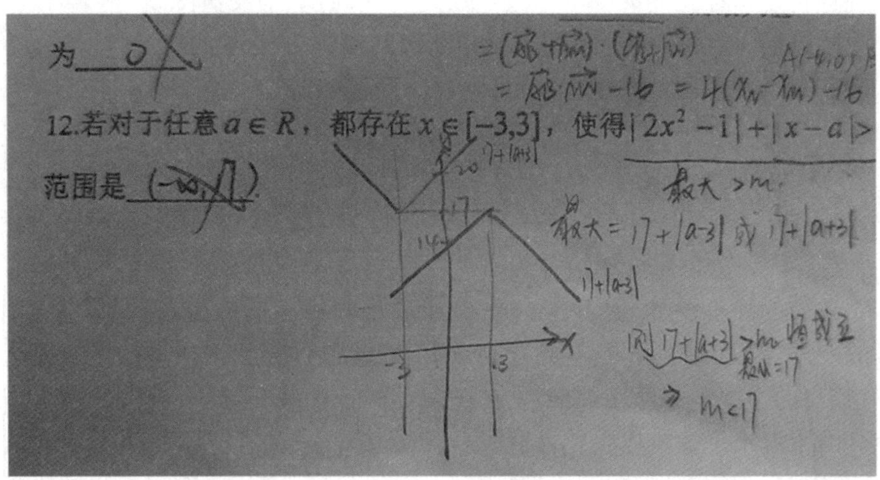

图 4-6　展示错误解法

二、"主题视域"下的评价设计与改进

(一) 基本概念

"视域"最初属于生理学范畴的概念,通常是指作为主体的人的视力所及的范围,它是有限的;但"视域"的边界却是开放的,从这个意义上来看,它又是无限的.当"视域"一词被引用到数学领域时,这种矛盾的对立统一就有了新的含义."主题视域"既包含在限定的主题下发现与解决问题,也要置于主题外,即在整个数学抽象素养培养的广阔空间去发现与解决问题.本节讨论的主要是限定主题下依据课程标准的主题教学目标的达成,以主题相关教学内容为载体,运用质性和量化的方法,通过测评学生在主题内知识与技能、过程与方法、情感态度、价值观的发展水平,旨在改进教与学,以达螺旋进阶的最后一个环节.

限定主题下的评价设计,因不同的评价需要可分为不同的类型,如依据学生学习水平层级的 3 阶段可分为诊断性评价、形成性评价及终结性评价.

1. 诊断性评价

诊断性评价是指学习者在完成某一阶段学习任务后,为检验其对知识、技能的掌握程度而进行的测试,主要运用的是量化测评的方法,这是主题教学评价中最基本的方式,属于"目标取向的评价",其测试形式主要为"纸笔测试".

2. 形成性评价

形成性评价是指在 3 个不同阶段的主题教学过程中,对学习者在课堂中的参与度、课时作业反映出的学习态度,以及在其他课外活动过程中表现出的情感、价值观等进行的综合性测试,是基于对学生整个主题学习过程所进行的持续观察、记录、反思而做出的评价方式,主要运用的是质性测评的方法,属于"过程取向的评价",其测试形式是课堂提问、数学实验以及课外活动.

3. 终结性评价

终结性评价是指在完成某一阶段教学任务后,依据单元教学目标,对学习者的阶段目标达成度作出判断,运用的是质性和量化相结合的测评方法,属于"主体取向的评价",其测试形式是将上述两种评价按相应权重计入总分后作出判断.

(二) 设计原则与建议

1. 设计原则

(1) 质性评价和量化评价相结合的原则.

限定主题下的评价设计,必须兼顾质性和量化两种不同的方法,量化评价中的量是"数量化"的意思,就是对学习者在"主题视域"下的学习过程和结果从数量方面进行描述、分析,具有较高的客观性和可靠性,使主观随意性的程度减弱,具有较强的可操作性,但情感和价值观的发展水平等难以量化,因而需要质性评价来弥补其不足."主题视域"下的学习要求学习者有广阔的视域,要评价其在开放的学习过程中的情感态度和抽象素养水平,只能通过定性的方式进行描述.所以说,要评价学习者的学习过程和结果,必须把质性和量化有机结合.

(2) 诊断性评价、形成性评价和终结性评价相结合的原则.

由于对学习者在3个不同阶段学习水平的要求不一样，故需要采用不同的评价模式来准确地描述学习者的学习过程与结果，使学习者在“有兴趣、够得到”的水平层次上进入下一阶段的学习，使教师能准确评估学习者在不同阶段的学习进阶情况.

《标准》中提出，数学教育既要面向全体学生，也要允许不同水平层次的学生可以用不同的时间达到同等的学习水平. 这就是说，评价要兼顾全体与个体，充分激励每一位学习者的学习热情，诊断性评价可以帮助教师了解每一阶段的学情，并根据每位学习者的不同需求给予相应的帮助，使学习者感受到“我能在老师的引领下学习数学”，形成性评价让学习者体验到“我能在与同伴的合作中学好数学”，终结性评价的能力水平要求最高，需使学习者领悟到“我拥有解决数学问题的信心与能力”，这一感受、体验、领悟的过程就是使数学学习不断螺旋进阶以达成主题教学目标的过程.

课题组基于以上两大原则开展运用“主题螺旋进阶”培养高中生数学抽象素养，评价水平与表现见表4-4.

表4-4 高中生数学抽象素养评价水平与表现

评价	水平	数学抽象素养表现
诊断性评价	水平一	1. 知道数学概念和公式； 2. 了解数学命题的条件与结论； 3. 能够在特例的基础上归纳并形成简单的数学命题
	水平二	1. 能够从多个法则或多种方法中选择恰当法则或方法解决问题； 2. 能结合实际情境解释相关的抽象概念
	水平三	1. 能够感悟通性通法的数学原理和其中蕴含的数学思想； 2. 在现实问题中，能够把握研究对象的数学特征，并用准确的数学语言予以表达； 3. 能理解和构建相关数学知识之间的联系，能够用数学语言表达推理和论证；能够将已知数学命题推广到更一般的情形
形成性评价	水平一	1. 能理解数学概念与规则的含义； 2. 在熟悉的情境中能解决数学问题
	水平二	1. 能够判断知识迁移的准确性和有效性； 2. 能够用恰当的例子解释抽象的数学概念和规则； 3. 能够提炼出解决一类问题的数学方法，理解其中的数学思想，在交流的过程中，能够用一般的概念解释具体现象
	水平三	1. 在现实情境、数学自身情境、其他学科情境中能进行知识与方法的迁移； 2. 能够理解数学结论的一般性，能够感悟高度概括、有序多级的数学知识体系

续表

评价	水平	数学抽象素养表现
终结性评价	水平一	1. 能够通过数学符号、运算或关系理解数学的抽象结构； 2. 会简单地运用数学公式； 3. 能够模仿学过的数学方法解决简单问题
	水平二	1. 掌握解决相似数学问题的通性通法，体会其中的数学思想； 2. 能够针对具体问题运用或创造数学方法解决问题
	水平三	1. 能够在得到的数学结论基础上形成新命题； 2. 能够灵活运用知识和方法解决探究性、开放性等非常规性问题

2. 设计建议

(1) 评价主体要多元.

针对数学抽象素养的评价，不仅要关注学生对知识技能的掌握程度，还要更多地关注学生的思维过程，判断学生是否具备用数学的眼光观察世界、用数学的思维思考世界、用数学的语言表达世界的能力. 因而，从评价取向看，应采用多种主体进行评价的多元评价方式，评价者除教师外，同学、家长甚至学生本人都可以成为评价者，这有利于从不同学习角度获取学生学习水平发展过程中的各种信息，如日常生活中的学习态度、思维品质和关键能力等信息.

1) 小组互评. 在小组活动过程中，学生可以通过填写互评表或相互打分进行相互评定，以此鼓励学生积极投入小组活动，认真完成分配的小组任务.

2) 学生自评. 自评的方式是让学生写阶段性学习反思，以此来指导和激励学生持续性地完成主题内的活动.

3) 家长参与. 阶段性地与家长进行联系，听取家长对主题周期活动的评价，将家长的意见作为评价的重要组成部分.

4) 教师把关. 教师设计主题评价方案，作为主题终结性评价的依据.

(2) 评价问题要适度.

阶段性评价试题既是对学生阶段学习效果的检验，也是判断学生是否能够达到数学抽象素养水平的重要评判依据. 因此，“主题视域”下的评价，应依据主题各阶段教学目标，结合主题教学中暴露出的主要问题，设计各数学抽象素养水平检测的问题库. 题库中试题的设置应注重数学基础知识，聚焦通性通法，能真实反映各水平学生达标与否，不宜出偏题、怪题. 在设置阶段性水平检测题时，为使绝大多数学生能够在给定的时间内完成，测试的题量一定要适当，若题量太多，大多数学生完不成，则将失去评价的意义.

3. 设计路径

“主题螺旋进阶”下评价设计的一般步骤：水平检测—结果反馈—反思改进—水平检测.

（三）改进建议

1. 提高评价目标的认知度

“主题视域”下评价的出发点是为了达成主题教学目标，所以评价的基础必须建立在对主题目标有清晰认知的基础上，只有清晰地了解诊断性评价、形成性评价、终结性评价 3 类不同水平层次的评价标准，才能对学习者的每一水平层次的学习做出全面而又客观的评价，为下一步“螺旋进阶”学习做好准备.

2. 实现评价方法的多样化

评价手段需要运用质性和量化相结合的方法，当决定进入高一阶水平层次教学时，要保证学习者中的绝大部分对低一级水平层次已经熟练掌握，必须要有全样本的准确的量化数据，因而，诊断性评价就显得很重要；当还需要了解学习者的学习过程、能力水平、价值观等时，就更需要用定性的数学语言和方法描述学习成效，因此，形成性评价和终结性评价二者必不可缺. 将多种评价方式相结合运用，可以有效地了解学情，也是达成“螺旋进阶”目标的基本保障.

3. 提高学习者评价的反馈度

评价的主体既可以是教师，也可以是学习者本人. 通过师生座谈、问卷调查、课外作业等形式向学生收集相关意见和建议，并将相关改进情况反馈给学习者，让学习者感受到评价反馈的意义和价值，这是构成主题“螺旋进阶”学习的关键步骤.

4. 提升评价结果的利用率

评价的目的不在于“评”，而在于“促进螺旋进阶”. 每一阶段的评价结果直接决定了教师下一步教学进入的阶段与水平，因此，要提升评价结果的利用率，就要杜绝在并未完成低水平目标时就急于进入高一水平的教学，这是达成主题“螺旋进阶”目标的有效机制.

第五章

“主题螺旋进阶”的方案设计与实施路径

第一节 主题支架

主题螺旋进阶教学中的“主题”是指教师根据教学的需要，同时结合各部分教学内容在结构上的联系，将相关的、零星的教学内容进行重新组合，并将其统整在同一个主题下. 主题的构成方式多样，可以由教材自然章节的内容组成，也可以通过重组的方式形成. 所谓重组，既可以把教材中的几个教学单元合并组成一个大主题，也可以将教材跨章节、不连续的相关内容组成一个新的内容主题或方法主题等. 根据以上主题的构成方式，主题大致可以划分为以下 4 种类型：①以教材自然章节为主要内容的模块类主题；②以知识内容为线索的知识类主题；③以思想方法为线索的方法类主题；④与其他素养相结合的素养类主题.

本课题研究的数学抽象素养培养主要采用前三种类型，同时结合其他素养，特别是数学建模、直观想象及数据分析素养，在培养过程中融合数学抽象素养的落实，最终达到对数学抽象素养全方位培养的目标.

第二节 实施路径

一、基本概念

“主题螺旋进阶”教学活动设计，是指在教师引领下，学习者围绕主题下划分的各教学阶段，通过连贯深入地学习，对主题内容的认知、理解与运用不断深入，呈螺旋上升之势，并趋于系统化、整体化的教学设计.

围绕主题的教学活动设计，是研究如何通过设计与主题相关联的教学活动，引领学生经历一系列循序渐进的学习活动，涵养学生数学抽象素养的过程. 活动设计一般可分为知识建构型活动、问题探究型活动及专题实践型活动 3 种类型.

1. 知识建构型活动

知识建构型活动是指在教师引导下，通过课内实施教学活动. 这是一种适用于让学生体验数学知识发生与发展过程，促进学生知识建构、思维发展的教学活动. 这类活动形式一般施行于数学抽象水平培养的第一或第二阶段.

2. 问题探究型活动

问题探究型活动是指通过小组研讨、课内交流与展示、课后探究而开展的教学活动. 它适用于对某个或某类问题进行探究，帮助学生建构起完整的知识结构体系，优化解题思路，拓宽思维广度. 这类活动形式一般施行于数学抽象水平培养的第二或第三阶段.

3. 专题实践型活动

专题实践型活动是指通过自主实践和协作探究而开展的教学活动. 它适用于帮助学生整合数学知识，体验数学与实际生活的紧密联系. 这类活动形式一般施行于数学抽象水平培养的第二或第三阶段.

二、 主题教学活动的设计建议

（一） 教学活动设计建议

1. 要有主题意识

在对某一主题开展教学活动时，学生的学习和探索、理解与实践活动，往往需要相当长的一段时间才能完成，这就需要教师在设计时具有主题意识，围绕主题开展的各类教学活动应始终不离主题教学目标，始终贯穿于主题下不同的教学阶段，经历长时段的螺旋式进阶学习过程，才能达成主题教学目标.

2. 要有水平意识

《标准》中界定了数学抽象素养的 3 个层级学习水平，教师在设计主题教学活动时要明晰其对应的学习水平，要注意从简单到复杂、从低水平到高水平，循序推进.

3. 要有学生主体意识

主题教学活动设计应从学生实际出发，以学生自主学习、探究实践活动为主. 教师要给予学生适时、适度的指导与启发，引导学生主动参与、亲身实践，在独立思考、合作交流中充分发挥学生的主体作用，提高学生学习数学与实践探究的兴趣.

4. 要有合作意识

学生间的数学学科素养水平存在差异，为了确保每位学生都能积极参与到活动中，活动之前，教师需合理分组，确保每组都有各种水平层级的学生，使组内各水平层级的学生在活动中能协作分工、各尽所能，同时还要确保小组之间平衡发展，以达到全体同学共同进步的目的.

5. 要有激励意识

主题教学活动设计要从学生熟悉的现实生活、已有的数学经验入手，激发学生对未知世界的好奇与对生活的热爱，发挥其主观能动性，激发学生对数学学习的热情，善于从生活、学习中发现和提出问题，并拥有解决问题的兴趣和热情.

三、“知识链”串联下的活动设计

1. 概念内涵

螺旋进阶式“知识链”是在主题教学目标下，围绕主题教学中的核心问题，将教学目标划分成 3 个阶段，每个阶段的学习围绕着主题教学中核心问题下的各水平层级问题而展开，各水平层级问题又可以演化出推演问题和辅助问题. 在开展第一阶段的知识内容学习时，围绕着第一阶段即水平层级一的主干问题，以其下设的推演问题和辅助问题为抓手，学习者在这一层级的学习目标是对知识内容从理解到迁移，直至创新，达成第一阶段的素养目标后，依次开展第二、三阶段的教学. 这样，同一阶段的知识间、不同阶段的知识间，构成了你中有我、我中有你、彼此关联、错综复杂而又逐次递进的知识结构体系——知识链. 以解决核心问题所建构起来的知识链是学生螺旋进阶式学习过程的体现，如图 5-1 所示，同一阶段和不同阶段所开展的“理解—迁移—创新”的学习过程，其本质即是提升学习者抽象素养的过程.

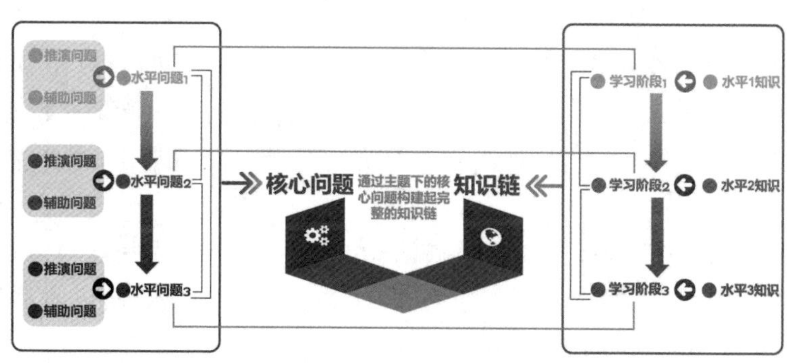

图 5-1 以解决核心问题所构建起来的知识链

2. 活动设计

以沪教版必修一“幂函数、指数函数与对数函数”这一章的主题教学设计为例，对如何开展“螺旋进阶”式教学形成“知识链”加以说明.

(1) 概念引入之初的活动设计.

在设计幂函数概念第一阶段的学习时，教师先从初中已知概念出发，再引入高中的函数概念. 具体设计上采取以下步骤：①教师出示 3 个初中已知的具体函数，师生共同抽象出一般幂函数的概念；②指数函数的概念的引入，则以幂函数的概念为基础，以特殊幂函数为着力点，由两个能反映概念本质特征的生活情境出发，让学生体验归纳两类函数的共同特征，概括其本质属性，从而抽象出指数函数的概念.

这一过程的本质，是从理解数学知识本身到“用数学的眼光观察世界”的方法，即迁移进阶. 在此基础上，教师引导学生再将两个函数的概念进行对比，由对一个函数的概念的认知进阶为两个函数概念之间的关联，让学生领会指数函数不同于幂函数之处，即指数函数的底数固定，函数值随指数的变化而变化的规律，达成第一阶段学习的创新运用的目标，将为下一阶段对数函数概念的进阶学习奠定基础. 对数函数概念从等式 $a^b=c$ 出发，在师生回顾幂函数、指数函数与等式的关系的基础上，教师引导学生对等式再深入研究，从而得出对数函数的概念，这一进阶是在对幂函数与指数函数进阶基础上新的第三阶段的进阶.

【案例 5 - 1】 “幂函数、指数函数与对数函数”第一阶段教学设计

幂函数：

初中我们已经学过 3 个函数 $y=x$，$y=\frac{1}{x}$，$y=x^2$，请分析这 3 个具体函数的共同特征是什么.（指数固定，幂随着底数的变化而变化）

指数函数：

1. 思考以下两个具体问题，它们具有怎样的函数关系？

(1) 折纸问题：一张纸对折 x 次后，层数 y 与对折次数 x 的函数关系是什么？

(2) 半衰期问题：当生物死亡后，它体内原有的碳 14 含量会按确定的比率衰减，大约每经过 5730 年衰减为原来的一半，这个时间称为“半衰期”，按照上述变化规律，分析生物体内碳 14 含量与死亡年数之间的关系.

2. 说说指数函数与幂函数的区别.

对数函数：

师生共同研读本章教材章前语中的一段文字，说明幂函数和指数函数都是通过固定等式 $a^b=c$ 中的一个量，研究另两个量之间相互关系与变化规律时定义的函数. 如果交换指数函数 $y=a^x$ 中 x 与 y 的位置，y 能否成为 x 的函数？若能表示，这个函数该如何表示和定义呢？

案例 5 - 1 中的设计旨在引导学生理解所学 3 个函数之间的联系与区别，在第一阶段学习达成进阶目标后，进入第二阶段的学习，再经过第二阶段的螺旋进阶后进入第三阶段的学习，帮助学生建构起函数概念的知识链.

(2) 函数图像与性质研究过程中的活动设计.

对幂函数性质的研究，可以通过引导学生从观察幂函数的图像出发，经历从特殊图像抽象出一般幂函数在 $(0,+\infty)$ 上的函数性质. 对指数函数性质的研究，则在研究多个特殊指数函数的图像特征的基础上，进阶到研究两个抽象指数函数 $y=a^x$ 与 $y=(a^{-1})^x$ 之间

的图像特征与性质的关系.针对对数函数图像的研究，又在前两个函数研究的基础上，进阶为探究除对数函数自身之间的关系外，还研究了幂函数与幂函数、对数函数与指数函数图像之间的关系，帮助学生对“互为反函数的两个函数图像间的关系”形成直观的认识，完成从图形语言到自然语言再到符号语言的抽象归纳，这也是幂函数与指数函数单调性定义的抽象过程.

有关对数函数的单调性的研究，一方面延续了幂函数与指数函数的几何直观与代数证明并重的方法；另一方面，“从对数函数与指数函数图像关于 $y=x$ 对称”角度展开，为第五章进一步展开对反函数图像与性质的研究做好准备.

【案例 5-2】 “幂函数、指数函数与对数函数”第二阶段教学设计

幂函数：

先让学生借助描点法作出函数 $y=x^{\frac{1}{2}}$、$y=x^3$ 及 $y=x^{-\frac{2}{3}}$ 的大致图像，接下来通过代数法证明点 (x_0,y_0) 关于原点的对称点 $(-x_0,-y_0)$ 落在幂函数 $y=x^3$ 的图像上，说明幂函数 $y=x^3$ 的图像关于原点成中心对称.点 (x_0,y_0) 关于 y 轴的对称点 $(-x_0,y_0)$ 落在幂函数 $y=x^{-\frac{2}{3}}$ 的图像上，说明幂函数 $y=x^{-\frac{2}{3}}$ 图像是关于 y 轴成轴对称的图形.幂函数性质的研究是通过先观察幂函数在第一象限的图像特征，再用数学符号予以表征，最后运用幂的不等式性质证明在区间 $(0,+\infty)$ 上是严格增(减)函数.

指数函数：

先用描点法绘制指数函数 $y=2^x$，$y=3^x$，$y=\left(\frac{1}{2}\right)^x$ 的图像，再运用由特殊到一般的方法归纳出一般指数函数图像特征，最后探究指数函数 $y=a^x$ 和 $y=a^{-x}$ 图像彼此之间的关系，并由点 (x_0,y_0) 是 $y=a^x$ 上任意一点，推出点 $(-x_0,y_0)$ 必为 $y=(a^{-1})^x$ 上的点，反之亦然，证明两个指数函数 $y=a^x$ 与 $y=(a^{-1})^x$ 图像关于 y 轴对称.指数函数性质的研究也是通过沿用幂函数的研究方法，让学生进一步体会运用图像观察和代数运算论证，这两个角度是研究函数性质的一般方法.

对数函数：

延续研究幂函数、指数函数图像的方法，先请学生绘制 4 个特殊的对数函数 $y=\log_2 x$、$y=\log_3 x$、$y=\log_{\frac{1}{2}} x$ 及 $y=\log_{\frac{1}{3}} x$ 的图像，然后归纳一般对数函数的图像特征.接下来在探究两个对数函数 $y=\log_a x$ 与 $y=\log_{\frac{1}{a}} x$ 之间关系的同时，进一步探究幂函数 $y=x^{\frac{1}{3}}$ 和 $y=x^3$ 图像、指数函数 $y=a^x$ 与对数函数 $y=\log_a x$ 之间的关系，引出反函数的概念.对于对数函数性质的研究从两个不同的角度开展，一方面继续沿用幂函数与指数函数性质的研究方法，为今后研究一般函数单调性打好基础；另一方面通过指数函数与对数函数图像关于 $y=x$ 对称的特征，借助指数函数的性质研究对数函数性质，使学生形成良好的知识结构.

幂、指数、对数函数性质的研究是在 3 个阶段不断螺旋进阶的学习过程中逐步深入的，从具体实例出发，采用分析、比较、综合的方法，达到由“感性具体”上升至“理性一般”的认识过程，抓住反映对应关系的本质，这是数学抽象素养培养的重要途径.

(3) 应用函数性质解决实际问题时的活动设计.

函数性质的应用在幂、指数、对数函数学习中的进阶,可以通过"运用幂函数的性质来比较两个具体数的大小"开始,初步建立学生用函数观点解决问题的意识. 指数函数性质的应用在比较具体数值的基础上,增加了含字母的 $a^{\frac{1}{2}}$ 与 $a^{\frac{1}{3}}(a>0,a\neq1)$ 的大小比较,学生在进一步熟悉指数函数的性质的同时,分类讨论思想的能力得到提高. 与"种群问题"相关的例题引入,一方面让学生体会数学的实际应用价值,另一方面让学生感受指数爆炸的含义. 用对数函数单调性比较大小,除了上述两种情形,还增加了对 89^{99} 与 99^{89} 的大小比较,使学生在发现指数函数性质与计算器无法解决该问题后,体会对数对于简化运算的意义,具体实例则用了一道与"火箭的最大速度"有关的例题,可结合课后阅读材料"火箭速度的计算公式"一同讲解,让学生体悟对数在简化运算中的作用. 最后教师布置作业,要求学生搜集生活中运用对数函数模型的实例,增强学生运用数学知识解决实际问题的创新能力.

【案例 5-3】 "幂函数、指数函数与对数函数"第三阶段教学设计

幂函数:

比较 2.5^{-2} 和 1.8^{-2},$1.32^{\frac{4}{5}}$ 与 $(-\sqrt{2})^{\frac{4}{5}}$ 的大小.

指数函数:

1. 比较以下两组数的大小.

(1) $1.7^{2.5}$ 与 1.7^{3}; (2) $\left(\frac{3}{4}\right)^{\frac{1}{6}}$ 与 $\left(\frac{4}{3}\right)^{-\frac{1}{5}}$.

2. 比较 $a^{\frac{1}{2}}$ 与 $a^{\frac{1}{3}}(a>0,a\neq1)$ 的大小.

3. 统计资料显示:某外来入侵物种现有种群数量为 k,若有理想的外部环境条件,该物种的年平均增长率约为 20%. 试建立该物种的种群增长模型,并预测 30 年后该物种的种群数量约为现有种群数量的多少倍.

对数函数:

1. 比较下列两组数的大小.

(1) $\log_5 7$ 与 $\log_6 7$;(2) $\log_a 0.1$ 与 $\log_a 0.2(a>0,a\neq1)$.

2. 比较 89^{99} 与 99^{89} 的大小.

3. 如果不考虑空气阻力,火箭的最大速度 v 和燃料质量 M、火箭的质量 m_0 之间的关系是 $v=2\ln\left(1+\frac{M}{m_0}\right)$,这里 ln 表示以 e 为底的自然对数. 问:当燃料质量至少是火箭质量的多少倍时,火箭的最大速度才能超过 8 km/s?

4. 请你搜集一个生活中运用对数函数模型的例子.

从上述案例中可以看出,"幂函数、指数函数与对数函数"的整个学习过程分为 3 个阶段,从第一阶段的水平层级一从具体到抽象的进阶的学习,到水平层级二和三的螺旋进阶学习,始终围绕"如何对基本初等函数进行研究"这一核心问题展开,3 个水平层级的学习又分别围绕基本初等函数的定义、函数性质的研究和应用这 3 个枝干问题而展开,3 个枝干问题又围绕对应水平层级下的幂、指、对函数的定义、性质及应用这些推演问题和辅助问题而开展教学活动,这一过程能帮助学生理解函数模型是描述客观世界中变量关系和规律的重要数学语言和工具,也是帮助学生涵养数学抽象素养的重要途径.

第三节 案例分析

本研究通过梳理沪教版高中数学教材内容,从知识与思想方法两个角度开展研究.经过多次研讨和筛选比对分析,对每一类型选取具有代表性的多个内容,开展运用主题螺旋进阶法落实数学抽象素养的研究,以下针对各不同类型主题各选取一个案例进行具体分析.

【案例 5-4】 知识类主题案例分析——函数的概念要素分析

一、 数学内容分析

1. 本主题内容的数学本质、数学文化以及所渗透的数学思想

我们感受到时间在变化、生产在增长、人口在增加等生活现象,它们都在说明现实世界中充斥着变化的量,而用来描述客观世界中变量之间依赖关系和变化特征的重要语言和工具就是函数,如二次函数可以描述匀加速运动,三角函数可以刻画周期现象等.

在高一的学习中,学生会进一步体会定义域与值域的关系,即集合与集合间元素的对应关系,它描述了现实世界中变量与变量之间的依赖关系.我们将一些具体函数的共性进行归纳,提炼出函数的一般概念,进而可以从对应关系的角度建立新的类别的函数概念.这个"从具体到抽象,再回到具体"的过程,不但符合学生由特殊到一般、再由一般到特殊的认知规律,而且有助于培养学生的数学抽象核心素养.

此外,函数还是数形结合的典范.一方面通过函数表达式,以方程思想为桥梁,建立起两个变量间的相互对应关系,培养学生数学运算和逻辑推理的核心素养;另一方面,函数也是平面直角坐标系中的相应点集,用函数图像可以直观地揭示出函数的有关性质,同时根据函数的性质也可以准确地掌握函数图像的特征,充分发挥数形结合思想的"沟通"价值,培养学生的直观想象、逻辑推理、数学抽象的核心素养.

2. 本主题内容在高中数学课程中的地位

函数知识是高中数学的重点内容,主要体现在函数思想贯穿整个高中数学的学习.高中阶段所学习的函数概念是初中阶段所学习的函数概念的继承与精确化,高中生对函数概念的再学习,摆脱了函数由曲线或表达式来描述的原始定义,较为准确地将函数描述为非空实数集到实数集合的满足某些特性的对应关系.用集合间的对应关系来描述函数概念,在考察其他许多数学对象(如方程、不等式)时,便可利用函数图像这一工具作为新视角,为以后进一步学习的一些知识,如数列、微积分等,打下坚实的基础.

3. 本主题内容在整个中小学数学教学中的地位和作用

概念是思维的基本表现形式,学习数学的过程就是对数学概念逐步更新的认识过程.函数作为高中数学的核心内容,主要体现在它贯穿了整个初等数学体系.通过高中学生对函数概念的再学习,进一步突出这是两个集合(定义域、值域)元素之间的对应关系,使学生对函数概念的理解得到进一步的深化. 函数概念的再学习既是对初中所学内容的承接和深化，也是接下来研究数列、三角函数等具体函数模型的基础，在初高中数学的学习中承担着支柱的重要作用.

4. 本主题内容在数学整体中的地位

函数是刻画世间万物之间联系的有力工具，借助于函数的概念，可以深刻地领会事物的发展规律，从而深化人们的认识. 函数概念重新学习的过程，是学生经历直观感知、观察分析、归纳类比、抽象概括的思维全过程；函数这一重要概念，也是数学本身经历从静态（常量）到动态（变量）、从有限到无限的发展，进而由初等数学逐步走向高等数学. 函数概念的学习过程，是学生培养数学抽象这一核心素养的有力载体.

5. 本主题内容与本学段、前后学段及大学其他知识之间的联系

学生在初中学习了函数描述性的定义，对变量的对应有了初步的认识. 高中学生对函数概念的再学习，即首次系统地运用集合语言来研究变量间对应关系，是函数思想的奠基阶段；而对选修系列及大学的导数、积分、极限等应用的学习，是对函数概念内涵的进一步完善和提高.

二、课标分析

1. 课程标准中对本主题内容的要求

在初中学习函数的基础上，用对应关系进一步理解函数是两个变量之间相互依赖关系的反映，这相当于在变量与变量之间搭建了一座桥梁，是对所学函数概念的继承和精确化；通过精炼集合与对应的语言再次刻画函数概念，经历从直观到解析、从具体到抽象研究函数性质的过程，领悟研究函数的基本方法，感受函数的应用价值，体验数学建模、求解和解释的全过程.

2. 课程标准中对本主题内不同内容要求的关联

在初等函数中，幂函数、指数函数和对数函数的应用较为广泛，它是丰富由静态到动态变化认知经历的极好素材，是进一步理解函数概念的基础. 通过对这几类基础函数的学习，能帮助学生学会从数与形的两个角度去研究函数的性质，了解它们蕴含的规律；从而可以运用这些函数建立相应的数学模型，解决简单的实际问题，体会函数思想在解决实际问题中的作用，对于培养与提升学生的数学抽象、逻辑推理、直观想象等核心素养有着重要的意义.

现实生活中四季的交替、钟表指针的转动、弹簧的振动等周期现象，都确认了正弦函数和余弦函数有着重要而本质的作用，并在物理学、工程技术和其他领域都有着广泛的应用.

在日常生活中被广泛应用的数列，也是一类特殊的函数. 它是数学中重要的研究对象，也是研究其他类型函数的基本工具. 了解等差数列与一元一次函数、等比数列与指数函数的联系，可以深刻感受到数列与函数的共性与差异，体会函数思想的整体性.

三、学情分析

1. 学生学习新知识的预备状态

通过初中对函数的学习，使得学生对函数概念已经产生了初步的认识，可以用自然语言表达两个变量间相互影响的关系;在高中阶段,主要从对具体函数的体验入手,通过集合语言以及熟悉的生活实例,让学生观察体验,以对应关系为突破口,抽象形成函数概念的“符号语言”,感受简明的符号化数学语言.

2. 学生对即将要学习的内容是否有所涉猎

一次函数、二次函数、反比例函数等简单函数是学生在初中阶段的主要学习对象,从中初步认识了函数的定义以及函数的表示,获得了对函数的基本认识. 高中阶段,学生经历幂函数、指数函数与对数函数的定义过程,用图像和代数方法研究它们的性质. 在此基础上,用集合语言、对应观点阐述函数的概念,这是在思维层面上的提升. 目前,学生在认知过程中主要存在的困难有:对于初中描述性的有依赖关系的两个变量,需要把静止的依赖关系上升到动态的对应关系上来,并用集合的符号语言进行描述,这对抽象性要求较高.

3. 学生学习新知识的情感态度

虽然高一的学生们能够积极参与并投入新知识的学习中,但是对于一些细节的分析和处理缺乏耐心,且数学问题的表达能力也较弱. 函数概念的学习对提高学生适应高中数学的学习有显著效果,如除了能逐步适应图形语言、自然语言、符号语言之间的相互转化,还能养成仔细审题、用心理解关键语句的习惯,从而提升数学抽象、数学运算、直观想象和逻辑推理素养.

4. 学生的学习方法、习惯以及风格

刚进入高中的学生多数仍旧沿用以往的学习方法,积极模仿老师具体的解题步骤,希望通过大量的模仿练习,形成一种惯性的程序化操作,但对于概念过程的形成缺乏理解认知. 在概念的学习上,只把概念当作一个名词,没有深入理解;或者强加记忆,也不能很好地理解概念的内涵. 高中数学的学习更讲究理性,对概念的理解层次、抽象性的符号使用成为很多学生学习的难点,这些都需要教师细心引导、耐心纠正、逐步深化.

四、 教材分析

函数的概念是沪教版新课标普通高中数学必修第一册第五章第 1 节“函数”的学习内容. 以初中及第四章中学习过的具体函数的例子为感知,通过由特殊到一般的思维方式,提炼出函数的一般概念这一过程,可以有效提升数学抽象核心素养. 函数概念的学习不但揭示了变量与变量之间的数量对应关系,还对每一个变量怎样建立对应提出了严格的要求. 通过由一般到特殊的思维方式,为以后三角函数、数列、微积分的学习做好充分的准备. 在认知上明确:可以从什么角度去研究一个函数,以及有了函数这个概念和工具之后,我们能够做些什么.

五、 重难点分析

1. 整体教学重难点

整体教学重难点见表 5 - 1.

表 5-1 整体教学重难点

重点	1. 在幂函数、指数函数和对数函数的定义与图像的探索过程中,经历由特殊到一般的思维过程,通过函数概念的学习进一步体会变量之间的对应关系;理解抽象的符号意义,加深对函数概念的严谨性、符号规范性的认识; 2. 在数列、正弦函数的图像与性质的学习过程中,经历由一般到特殊的思维过程,体会与函数概念的内在联系,达成对函数概念的深化再认识; 3. 通过经历由特殊到一般,再由一般到特殊的思维过程,提升数学抽象、数学运算、逻辑推理等核心素养,提升研究问题、解决问题的能力
难点	函数概念的理解

2. 各阶段教学重难点

各阶段教学重难点见表 5-2.

表 5-2 各阶段教学重难点

第一阶段	幂函数、指数函数与对数函数的定义及图像	重点	1. 通过对等式 $a^b=c$ 的分析(固定不同的量,使得其中一个变量随着另一个变量的变化而变化),领会幂函数、指数函数与对数函数的定义形成; 2. 在这 3 种函数概念的形成过程中,感受等式中“变”与“不变”的相对性,实现由不变的运算到抽象的函数的学习过渡,提升数学抽象的核心素养; 3. 能用描点法描绘具体函数的大致图像,体会利用图像及代数运算是研究函数性质的重要方法,培养直观想象及逻辑推理等核心素养
		难点	幂函数、指数函数与对数函数的联系与区别
第二阶段	函数的概念	重点	1. 对一次函数、反比例函数、二次函数、幂函数、指数函数及对数函数中的共性进行归纳,用集合语言和对应关系精确刻画函数,提炼出函数的一般概念,发展数学抽象的核心素养; 2. 通过对“函数是非空实数集合到实数集合的满足某些特性的对应关系”的理解,了解构成函数的 3 个要素,能在简单情形下求函数的定义域,提升分析问题、解决问题的能力; 3. 经历由具体到抽象、由特殊到一般的思维过程,感悟数学抽象的思维方式与作用
		难点	理解函数的概念
第三阶段	数列的概念及性质、正弦函数的概念及图像	重点	1. 通过对数列概念及性质、正弦函数的概念的学习,进一步理解两个变量之间的依存关系; 2. 能用研究函数性质的方法去解决数列中的有关问题,能结合单位圆作出正弦函数在$[0,2\pi]$上的图像,并用图像求解三角不等式等问题; 3. 经历对一般函数概念的理解转换到对特殊函数——数列的认知,提升数学抽象的核心素养
		难点	1. 用函数的观点认识数列; 2. 利用单位圆作出正弦函数在$[0,2\pi]$上的图像

六、 教学方式分析

以“主题”贯穿整体的角度出发，选择的教学方式具体如下.

在第一阶段对具体函数的认知中，以讲授法渗透数形结合的思想方法，通过讲练结合的方式帮助学生理解函数由静态的运算上升到两个变量之间的动态依赖关系，课堂中主要以问题链的形式，层层递进，实现对几类函数概念的理解，引导学生逐步适应以形的直观想象为基础，规范运用数学符号，合理表达思维的转换过程，培养逻辑推理能力；再以数的研究论证为手段，将形的发展做合情合理的解释，完善数与形相互解读的良性发展.

在第二阶段函数概念的教学中，通过对上述具体函数的感受奠定的对应基础，实现将初中认识的函数是“一个变化过程”自然上升到函数是两个变量之间的“对应关系”这一高度，学生逐步归纳具体函数的共性，以合作探究的方式形成函数的一般性概念；在函数概念的认知过程中，教师采用分析、点拨的方式让学生理解定义域的研究是一切函数问题的研究基础，而对应关系其实就是架设在两个变量之间的桥梁.

在第三阶段的数列学习里，教师先引导学生比较数列与集合的异同，使学生明确数列就是研究项数与项这对变量的相互依赖关系，从而使学生可以在函数观念的引导下顺畅地探究数列中的写通项公式、求最值等问题；在正弦函数的概念学习中，通过对函数概念的深刻领悟，结合单位圆中呈现的三角比，学生可以自主探究从静态运算到动态变量对应下其图像的形成，以合作学习的方式，结合图像解决不等式的求解、求最值等问题，透视出函数思想在研究两个变量的对应关系中起到的重要沟通价值.

七、 案例设计

【第一阶段】总课时 3

第一阶段(水平一)的进阶要求如下.

(1) 在幂函数、指数函数、对数函数概念的形成过程中，体会等式中“变”与“不变”的相对性.

(2) 实现由不变的运算到抽象的函数的学习过渡，提升数学抽象的核心素养.

(3) 阶段测试共 5 道测试题，若 5 题均能正确完成，则认为已达到水平一，可以进阶.

课题 1 幂函数的定义及图像

(一) 教学目标

1. 教学内容

(1) 从具体的幂函数出发，提炼幂函数的概念，提升数学抽象的核心素养.

(2) 经历用描点法作出具体幂函数的大致图像，研究幂函数图像对称性的过程，增强从几何直观到代数说理的意识，体会数与形相互验证的方法，提升直观想象和逻辑推理的素养.

2. 重点与难点

(1) 重点：幂函数的概念及图像.

(2) 难点：函数图像对称性的证明.

(二) 教学设计

1. 创设情境　引入课题

[问题 1] 在初中，我们学过哪些具体的函数？

[问题 2] 从表达式上观察，这几类函数 $y=x$，$y=x^{-1}$，$y=x^2$ 有哪些共同点？

设计意图：通过复习熟悉的知识，从学生的最近思维发展区入手，共同归纳出共性，经历由特殊到一般的思维过程，提升学生的概括能力，从而提升数学抽象的核心素养.

2. 概念形成　理解辨析

(1) 幂函数的定义.

(2) 概念理解.

[问题 3] 若幂函数的图像经过点 $P(3,\sqrt{3})$，则这个幂函数的表达式为________.

[问题 4] 已知幂函数 $y=ax^2+c$，则代数式 $a-c=$________.

[问题 5] 幂函数 $y=x^3$ 的定义域为________；幂函数 $y=x^{-\frac{2}{3}}$ 的定义域为________.

设计意图：会用待定系数法建立方程解决数学问题，加深对幂函数概念中变量 y 随变量 x 的变化而变化这一规律的理解，明确用数集表示函数定义域的要求，知道幂函数的定义域由指数确定的特点.

3. 例题讲解　巩固新知

例 1　写出幂函数 $y=x^{\frac{1}{2}}$ 的定义域，并作出它的大致图像.

[问题 6] 作出一个函数的大致图像，分哪几个步骤？

例 2　在两个直角坐标系中，分别作出幂函数 $y=x^3$ 与 $y=x^{-\frac{2}{3}}$ 的大致图像.

[问题 7] 在列表中任取一个 x 及 $-x$，它们所对应的值有怎样的关系？

[问题 8] 幂函数 $y=x^3$ 的图像具有怎样的对称性？

[问题 9] 如何从代数的角度，说明幂函数 $y=x^3$ 的图像关于原点成中心对称？

[问题 10] 可以从代数的角度，说明幂函数 $y=x^{-\frac{2}{3}}$ 的图像关于 y 轴成轴对称吗？

[问题 11] 除了幂函数 $y=x^3$ 以外，能否再写出几个幂函数的表达式，满足其图像关于原点成中心对称，但不经过原点？

设计意图：通过对自变量取值范围的研究，对幂函数概念有进一步的理解；由描点法作出具体的幂函数的大致图像，这是学生能够独立完成的，但研究幂函数图像的对称性，经历从几何直观到代数说理的过程，学习用规范的数学符号表达几何特征的方法，这些对学生来说是难点，需要在问题链的引导下，逐步体会符号语言与图形语言的互助价值，提升数学抽象和逻辑推理的核心素养.

4. 课堂小结　凝练升华

(1) 知识内容：幂函数的概念，一个函数的图像成对称性的代数说理.

(2) 思想方法：观察—猜想—证明，由特殊到一般.

设计意图：通过学生总结本节课的知识内容和思想方法，一方面是对本节概念学习的回顾，锻炼了学生的语言表达能力、概括能力；另一方面，可以充分反映学生对概念的理解水平，检测本节课教学目标的达成情况，为后续学习指数函数、对数函数作好铺垫.

课题 2 指数函数的定义及图像

（一）教学目标

1. 教学内容

(1) 通过生活中的折纸问题，发现指数函数具有“底数固定，幂随着指数的变化而变化”的特征，理解指数函数的概念，提升数学抽象的核心素养，感受指数函数的应用价值；

(2) 能借助计算工具或用描点法作出具体的指数函数的图像，发展直观想象的素养；

(3) 通过体验作图、观察图像、归纳指数函数的性质，感受从特殊到一般的思维方式，提升数形结合的应用能力.

2. 重点与难点

(1) 重点：指数函数的概念及图像.

(2) 难点：“底互为倒数时，两个指数函数的图像关于 y 轴对称”的证明.

（二）教学设计

1. 创设情境 引入课题

[问题 1] 请同学们根据“对折纸”游戏的规则，写出层数 y 与对折次数 x 的函数关系式.

[问题 2] 若对任意的实数 x，a^x 都有意义，底数 a 需满足怎样的条件?

设计意图：通过实际问题，感受对折次数与层数这两个变量之间的依存关系，建立函数模型，为构建指数函数的概念作铺垫.

2. 形成概念 理解辨析

[问题 3] 下列函数中是指数函数的序号为________.（请填入全部正确的序号）

(1) $y=(-4)^x$；(2) $y=\left(\frac{1}{4}\right)^x$；(3) $y=4^x$；(4) $y=x^{-4}$；(5) $y=(\sqrt{4})^x$.

[问题 4] 若点(2,9)在指数函数 $y=a^x$($a>0$ 且 $a\neq1$)的图像上，则该指数函数的表达式为____________.

设计意图：知道指数函数的特征为“底数固定，幂的值随着指数的变化而变化”，加深对这两个变量依存关系的理解，能够利用待定系数法建立方程，理解指数函数的定义.

例 1 分别作出指数函数 $y=2^x$ 和 $y=3^x$ 的大致图像.

[问题 5] 指数函数 $y=2^x$ 和 $y=3^x$ 的图像有哪些共同特征?

设计意图：从具体的指数函数的图像特征出发，发展直观想象能力，为“底数大于 1 时指数函数的性质”的研究奠定基础.

例 2 作出指数函数 $y=\left(\frac{1}{2}\right)^x$ 和 $y=2^x$ 的大致图像.

[问题 6] 在列表中的上、下两行，任取一个 x 及 $-x$，它们所对应的值有怎样的关系?

[问题 7] 若点 $P(x_0,y_0)$在指数函数 $y=2^x$ 的图像上，用数学语言如何表述?

[问题 8] 若点(x_0,y_0)满足 $y_0=\left(\frac{1}{2}\right)^{x_0}=(2^{-1})^{x_0}=2^{-x_0}$,这个运算式的几何意义是什么?

[问题 9] 指数函数 $y=2^x$ 和 $y=\left(\frac{1}{2}\right)^x$ 的图像之间有怎样的关系?它们有什么区别?

设计意图:通过学生的观察、老师的引导,逐步明确两个指数函数的图像关于 y 轴对称的含义,学习用规范的符号语言解释几何特征,发展直观想象的素养,提升学生的逻辑推理素养.

课题 3 对数函数的定义及图像

(一)教学目标

1. 教学内容

(1) 借助幂函数、指数函数的定义引入对数函数的定义,并归纳出对数函数的特征为“底数固定,对数的值随着真数的变化而变化”.

(2) 经历求函数的定义域的过程,进一步加深对对数函数的定义的理解.

(3) 可以借助计算工具或描点法作出具体的对数函数的图像,知道“底互为倒数时,两对数函数的图像对称”的含义,了解互为反函数下的指数函数与对数函数,发展数学抽象的核心素养.

2. 重点与难点

(1) 重点:对数函数的概念及图像.

(2) 难点:底互为倒数时两个对数函数的图像关于 x 轴对称的证明.

(二)教学设计

1. 创设情境 引入课题

[问题 1] 请同学们根据“对折纸”游戏的规则,写出对折次数 y 与层数 x 的函数关系式.

设计意图:在领会求指数就是对数运算的基础上,深化两个变量的依赖关系,为对数函数的定义形成作铺垫,发展数学建模的核心素养.

2. 形成概念 理解辨析

对数函数:当底数 a 固定,且 $a>0,a\neq1$ 时,x 以 a 为底的对数 $y=\log_a x$ 确定了变量 y 随变量 x 变化的规律,称为底数为 a 的对数函数.

[问题 2] 想一想:在对数函数的定义中,底数 a 为什么要满足“$a>0,a\neq1$”?

[问题 3] 你认为对数函数 $y=\log_a x(a>0$ 且 $a\neq1)$的定义域是什么?

例 1 求下列函数的定义域.

(1) $y=\log_2(x-1)$;(2) $y=\log_a(x^2-4x-5)$,其中常数 $a>0,a\neq1$;(3) $y=\ln\frac{1-2x}{x+1}$.

设计意图:会用对数函数的定义求一些具体函数的定义域,体会定义域对函数的制约作用，提升用规范的符号语言表达数学问题的能力.

3. 例题讲解　巩固新知

例 2　请同学们分小组作出下列对数函数的大致图像.

(1) $y=\log_{\frac{1}{2}}x$；(2) $y=\log_{\frac{1}{3}}x$；(3) $y=\log_2 x$；(4) $y=\log_3 x$.

[问题 4] 这 4 个对数函数的图像有什么共同特征？你能得出更具一般性的结论吗？

[问题 5] 底数为 2 和 3 的对数函数的图像有什么共同特征？你能得出更具一般性的结论吗？

[问题 6] 底数为$\frac{1}{2}$和$\frac{1}{3}$的对数函数的图像有什么共同特征？你能得出更具一般性的结论吗？

设计意图：通过理解对数函数的概念，会用符号语言解释具体的对数函数的图像，发展逻辑推理的素养；发展从特殊到一般的思维过程，提升数学抽象的核心素养.

例 3　观察函数 $y=\log_2 x$ 和 $y=\log_{\frac{1}{2}}x$ 的图像.

[问题 7] 这两个函数图像有怎样的对称性？怎么理解？

设计意图：了解两个对数函数的图像关于轴对称的含义，发展逻辑推理的素养.

例 4　观察函数 $y=2^x$ 和 $y=\log_2 x$ 的图像.

[问题 8] 这两个函数图像有怎样的对称性？为什么？

设计意图：知道互为反函数关系下的对数函数与指数函数，发现它们的图像关于直线$y=x$ 对称，为对数函数的性质的学习做准备.

阶段一测试

1. 幂函数 $y=x^{n^3-3n-4}$ $(n\in\mathbf{Z})$ 的图像和两坐标轴均无交点，则 n 的值为________.

2. 下列图像中是 $y=x^{\frac{2}{3}}$ 的图像的是(　　).

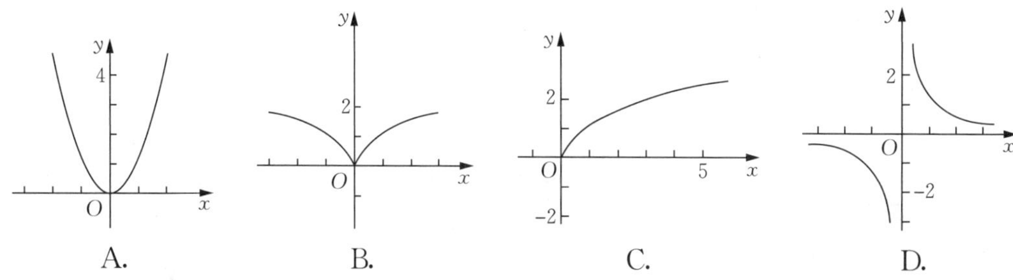

3. 函数 $y=\dfrac{\lg(2-x)}{\sqrt{x-1}}$的定义域是________.

4. 当 $a>1$ 时，在同一坐标系中，函数 $y=a^{-x}$ 与 $y=-\log_a x$ 的图像是(　　).

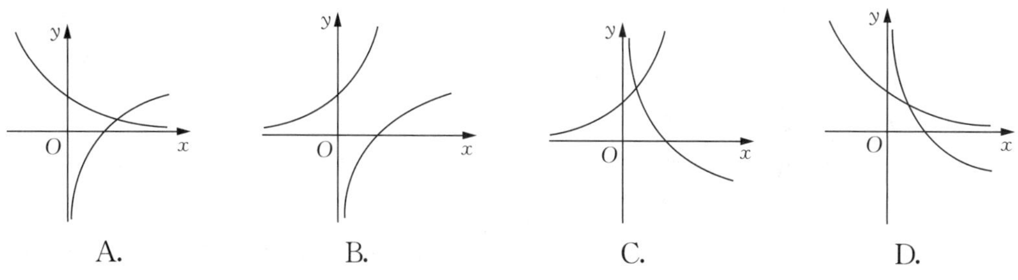

5. 利用函数 $y=\log_2 x$ 的图像解决以下问题：

(1) 比较$\log_2 \frac{4}{5}$与$\log_2 \frac{3}{4}$的大小.

(2) 若$\log_2(2-x)>0$,求 x 的取值范围.

【第二阶段】总课时 1

第二阶段(水平二)的进阶要求如下.

(1) 函数概念是从已经学过的几类函数的公共属性中抽象形成的,是高中数学中一个重要的核心概念.

(2) 深化对函数概念的理解,函数的表达式主要指向代数层面,是由数和字母以及一些约定的运算构成的算式;对函数概念的理解,更多指向分析层面,是指变量与变量之间的对应关系.

(3) 阶段测试共 5 道测试题,若 5 题均能正确完成,则认为已达到水平二,可以进阶.

课题 1　函数的概念（片段）

（一）教学目标

1. 教学内容

(1) 经历从实例出发,由具体函数概括出一般函数概念的过程,深化对函数概念的理解,明确抽象符号 $y=f(x), x\in D$ 的意义.

(2) 了解构成函数的要素,会判断两个函数是否相同;学会求简单情形下函数的定义域与值域,提升运算求解能力.

(3) 感受集合元素的对应关系在刻画函数概念中发挥的作用,提升数学表达能力,发展数学抽象的核心素养.

2. 重点与难点

(1) 重点:函数的概念.

(2) 难点:对符号 $y=f(x), x\in D$ 的理解.

（二）教学设计

1. 创设情境　引入课题

[问题 1] 请在下表中填上本班对应学号同学的身高：

学号	1	2	3	4	5
身高					

[问题 2] 今天早上李晓明从距学校 3.4 km 的家中以 85 m/min 的速度匀速到达学校,作出路程随时间变化的曲线;

[问题 3] 在初中,你学习过哪些具体的函数？当时“函数”是如何定义的？

[问题 4] 以上的实例,有哪些共同特征？

设计意图:从紧密联系学生的实际出发,通过列表法、解析法和图像法,感受函数关系的建立过程，体会用对应关系搭起变量间沟通的桥梁，感悟数学抽象的思维方式与作用.

2. 形成概念 理解辨析

(1) 函数的概念.

[问题 5] 在下列等式中，y 是 x 的函数吗？

(1) $y^2=2x$；(2) $x^2=2y$；(3) $x^2+y^2=1$；(4) $y=|x|$.

设计意图：进一步明确函数概念中两个变量在对应数量上的要求，从而知道从 x 到 y 的对应是唯一确定的；明晰函数概念的核心是对应关系 f，它是联系 x 与 y 的纽带，也是对应得以实现的方法和途径，能深化对函数概念的理解.

阶段二测试

1. 下图中，y 不是以 x 为自变量的函数的图象是(　　).

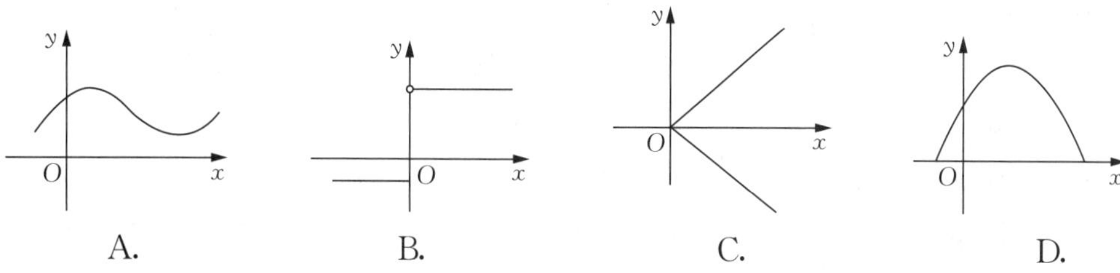

2. 若函数 $y=x^2-3x$ 的定义域为$\{-1,0,2,3\}$，则其值域为__________.

3. 函数 $f(x)$与 $g(x)$能表示同一个函数的是(　　).

A. $f(x)=\dfrac{|x|}{x}, g(x)=\dfrac{x}{|x|}$　　B. $f(x)=|x|, g(x)=\begin{cases}x(x>0),\\-x(x<0)\end{cases}$

C. $f(x)=\sqrt{x^2}, g(x)=\sqrt[3]{x^3}$　　D. $f(x)=1, g(x)=x^0$

4. 求函数 $y=\dfrac{1}{2^x-1}$的定义域和值域.

5. 设 $f(x)=\begin{cases}x, x\in(-\infty,a),\\x^2, x\in[a,+\infty),\end{cases}$ 若 $f(2)=4$，求实数 a 的取值范围.

【第三阶段】总课时 2

第三阶段(水平三)的进阶要求如下.

(1) 在函数概念的学习过程中，学生逐渐适应用规范的符号对两个变量的对应关系予以描述，明确研究函数的工具(图像)和方法(数形结合).

(2) 通过对正弦函数、数列这两类具体函数的认识，进一步加深对函数概念的理解，体会不同的函数具备不同的性质，正因于此，才使得函数成为表达现实世界规律的基本数学语言.

(3) 阶段测试共 5 道测试题，若 5 题均能正确完成，则认为已达到水平三，可以进阶.

课题 1 正弦函数的定义及图像（片段）

（一）教学目标

1. 教学内容

(1) 理解并掌握正弦函数的概念.

(2) 能借助单位圆画函数 $y=\sin x, x\in[0,2\pi]$ 的图像，经历用诱导公式得到正弦函数 $y=\sin x, x\in\mathbf{R}$ 图像的过程，领会正弦函数的图像特征；能结合“五点法”绘制出正弦函数在一个周期内的大致图像，能求解一些简单的正弦型不等式.

(3) 体会从特殊到一般的思维过程，能利用数形结合、化归方法解决相关问题，发展直观想象素养，提升分析问题、解决问题的能力.

2. 重点与难点

(1) 重点：正弦函数的概念及图像.

(2) 难点：正弦函数的图像.

（二）教学设计

1. 复习旧知　引入课题

[问题 1] 根据三角的学习，在等式 $\sin\alpha=t$ 中，实数 α 与 t 满足怎样的对应关系？

[问题 2] 在一个函数关系中，两个变量需要满足怎样的对应关系？

[问题 3] 在等式 $y=\sin x$ 中，变量 y 是关于 x 的函数吗？

设计意图：体会三角比等式中“变”与“不变”的相对性，实现由“静态的正弦比运算”上升到“抽象的正弦函数”的学习过渡，能在具体的情境中理解函数概念，提升数学抽象的核心素养.

2. 形成概念　探究图像

(1) 正弦函数的定义.

分析讲解函数概念的内涵.

设计意图：引导学生概括出正弦函数定义的形成过程，进一步感悟函数概念中变量间的对应关系，明确定义域及对应法则是函数概念的核心要素.

(2) 正弦函数的图像.

[问题 4] 在三角比的学习中，我们是如何借助单位圆定义任意角 α 的正弦？

[问题 5] 可以借助单位圆作出函数 $y=\sin x, x\in[0,2\pi]$ 的大致图像吗？

[问题 6] 可以描述一下等式 $\sin(2k\pi+\alpha)=\sin\alpha$ 表达的意义吗？

[问题 7] 如何利用函数 $y=\sin x, x\in[0,2\pi]$ 的图像得到函数 $y=\sin x, x\in\mathbf{R}$ 的图像？

[问题 8] 函数 $y=\sin x, x\in[0,2\pi]$ 的图像上有哪几个关键点？

设计意图：通过函数的学习，学生已经明确了研究正弦函数的工具和方法，可以概括为：先画出它的图像，再研究其主要性质，凸显函数学习中由特殊到一般，再由一般到特殊的认知规律. 借助单位圆的直观性及诱导公式，通过描点、平移，作出正弦函数的大致图像，增强图形语言与符号语言的转换能力，渗透数形结合思想.

课题 2　数列的概念与性质（片段）

（一）教学目标

1. 教学内容

(1) 根据等差数列、等比数列的学习，结合函数的概念，理解并掌握数列的概念及其分类.

(2) 会利用研究函数性质的方法，解决数列的单调性、最值等相关问题，培养学生从特殊到一般的抽象概括能力，提升学生的数学抽象素养.

2. 重点与难点

(1) 重点：数列的性质.

(2) 难点：数列的性质.

（二）教学设计

1. 创设情境　引入课题

[问题 1] 前面我们学习了两类特殊的数列：等差数列、等比数列，你还能举出其他类型的数列吗？

设计意图：学生们通过对所举数列类型的整理，增强对数列的感性认识，深化对数列的项与项数之间对应关系的理解；同时，调动学习新知识的积极性，并对数列的不同类型有一个初步的整体体验.

2. 形成概念　理解辨析

定义：按一定次序排列起来的一列数叫作数列.

[问题 2] 请同学们比较一下，数列跟集合有什么区别？

设计意图：对相近的概念做辨析是理解概念的重要手段，认识无序与有序的本质区别，深刻领会数列中的项与项数之间的对应关系，培养数学抽象的核心素养.

3. 例题讲解　巩固新知

例 3　已知数列$\{a_n\}$为严格递增数列，其通项公式为 $a_n=n^2+\lambda n$，其中 λ 是常数. 求实数 λ 的取值范围 .

[问题 3] 请同学们结合严格递增函数的定义，说说你对数列严格递增的理解.

[问题 4] 如果将 a_n 看作关于 n 的函数，该怎么认识该数列的递增性？

设计意图：在数列单调性研究的方法指导下，领会数列背景下的对应关系，主要反映在项数 n 的取值范围是正整数集或其子集，因此，对于数列严格单调性的考查，要落实在相邻的两个正整数的变量对应上. 以深刻理解函数概念为基础，培养由一般到特殊的思维能力，保持具体问题具体分析的客观态度，提升数学抽象的核心能力.

阶段三测试

1. 已知数列的通项公式为 $a_n=\begin{cases}\dfrac{1}{n+1}(n=2k-1,k\in\mathbf{N}^*),\\ 2^n(n=2k,k\in\mathbf{N}^*),\end{cases}$ 那么它的前四项的和为________.

2. 根据图示，写出点数构成的数列的一个通项公式：________.

3. 利用函数 $y=1+\sin x, x\in[0,2\pi]$的大致图像，写出使得 $y\geqslant\dfrac{3}{2}$的 x 的取值范围.

4. 已知数列$\{a_n\}$的通项公式是$a_n=(1+n)\left(\frac{9}{10}\right)^{n-1}$，试问数列$\{a_n\}$中有没有最大项？请说明理由.

5. 试讨论函数$y=\sin x+|\sin x|-k$，$x\in[0,2\pi]$的零点个数.

（本案例由上海市宝山区顾村中学侯建凤老师提供）

【案例5-5】 方法类主题案例分析——比较法要素分析

一、数学内容分析

1. 本主题内容的数学本质、数学文化以及所渗透的数学思想

比较法是用于研究两个数之间大小关系的基本方法，主要分为差值法和比值法.

在实际生活中，经常会遇到各类比较，比如价格高低的比较、速度快慢的比较、距离远近的比较、面积大小的比较等. 对于上述实际生活中的各类比较，联系现实生活与数学，都可以抽象为两个数之间大小关系的比较. 从数学角度出发，研究如何进行比较、确定定两个数之间的大小关系等问题，这对于解决实际生活中的比较问题提供了理论基础和方法.

差值法是通过两个实数作差与零比较大小，从而确定它们的大小关系. 如，两个实数a、b之间大小关系的确定：

$a>b\Leftrightarrow a-b>0$；

$a=b\Leftrightarrow a-b=0$；

$a<b\Leftrightarrow a-b<0$.

比值法是通过两个正实数作比与1比较大小，从而确定它们的大小关系. 如，实数$a>0$，$b>0$，它们之间大小关系的确定：

$a>b\Leftrightarrow\frac{a}{b}>1$；

$a=b\Leftrightarrow\frac{a}{b}=1$；

$a<b\Leftrightarrow\frac{a}{b}<1$.

无论是差值法还是比值法，都是基于实数的有序性，即实数可按大小顺序有序排列. 差值法是两个实数差值与0大小顺序的比较，比值法是两个正实数比值与1大小顺序的比较. 它们的不同在于比值法应用于正实数大小关系的比较，而差值法可用于一切实数大小关系的比较.

2. 本主题内容在高中数学课程中的地位

比较法是研究实数不等关系的重要手段之一，在高中数学不等式章节中提出，是不等式中的重要内容之一. 不等式是相等关系和不等关系这两种基本数量关系中的一种，对贯通函数与代数有重要作用，同时和方程有着密切的联系. 因此，比较法在比较数的大小、研究不等式性质、证明不等式、研究函数的性质、研究数列性质等方面有着重要应用.

3. 本主题内容在整个中小学数学教学中的地位和作用

比较法是学生在高中数学不等式的学习中最先接触的内容，是学习不等式的基础和前提，是研究不等式性质和证明不等式的重要方法和手段. 比较法的学习也为后续研究函数性质、数列性质等内容提供了方法基础.

4. 本主题内容在数学整体中的地位

比较法是高中数学课程中的一个基本方法，它是不等式章节中首先出现的内容和方法，在不等式的学习中具有重要的价值与作用，并在后续其他知识的学习中，也有着重要的应用. 比较法是对各类数学问题和实际问题抽象为数量关系问题的解决方法，也是学生对问题分析转化的一次学习和再认知.

5. 本主题内容与本学段、前后学段及大学其他知识之间的联系

在高中阶段，学习比较法之前，学生已经对实数的大小顺序有了静态的认识，通过比较法的学习，进一步形成对实数大小顺序的动态认识，在此基础上，学习不等式的基本性质以及不等式的证明，并在研究函数性质、数列性质等内容中体会比较法的应用. 进入大学后，学生还将有机会更进一步系统学习实数有序性等相关理论知识.

二、课标分析

1. 课程标准中对本主题内容的要求

《标准》在必修部分提出相等关系、不等关系是数学中两种最基本的数量关系. 比较法是学习与研究不等式性质、证明不等式的理论依据和基础，有着重要的作用和价值，它在研究不等式性质和证明不等式中有着重要的应用.

定义法是研究函数、数列单调性的重要方法之一，通过对定义的分析，发现在函数、数列单调性的定义中，关键是比较法的运用. 对函数与数列的单调性，必修部分、选择性必修部分都提出了相应的要求——会用符号语言表达函数的单调性，并且理解它的作用和意义，了解数列的概念和数列是一种特殊的函数，感受数列与函数的共性与差异.

综上，从课标对各个知识内容的要求中不难看出比较法的地位与价值.

2. 课程标准中对本主题内不同内容要求的关联

不等式是最基本的数量关系中的不等关系. 在用符号语言表达函数、数列的单调性时，定义中就蕴含着不等式. 因此，在研究不等式性质和证明不等式、研究函数、数列单调性的运用中，比较法发挥了重要作用. 由于数列是定义在正整数集或其某些子集上的函数，所以数列与函数性质的研究(包括单调性)存在着相似之处.

函数的奇偶性定义中，蕴含着相等关系，所以运用比较法研究证明等式也是研究函数奇偶性的有效方法.

二项展开式中的二项式系数也可以看成数列，因此运用数列的方法研究二项式系数单调性也是行之有效的方法.

综上，从数量关系出发，可以看到上述各个知识块之间的内在联系. 比较法的运用体现了数学的整体性.

三、学情分析

1. 学生学习新知识的预备状态

在小学阶段，教师主要通过用＞、＝、＜连接、比较各个具体自然数，通过对具体确定数字的大小排序，逐步形成对相等关系和不等关系的初步认识；在初中阶段，主要通过方程、不等式的简单性质以及一元一次不等式的学习形成对相等关系和不等关系的静态认识. 学生对这两种基本数量关系的认知经历了由“最简单基本”到“复杂静态”的一个过程.

学生在学习了集合与逻辑后，对数学的符号语言的认知将变得更为深刻.

2. 学生对即将要学习的内容是否有所涉猎

学生在学习比较法之前，已经学习过一元一次方程、一元二次方程、一元一次不等式，因此，对两种基本数量关系也有一定的认知和理解. 由于比较法是研究这两种基本数量关系的重要方法和手段，所以在研究比较数的大小问题以及不等式的基本性质时，选择引入比较法也是水到渠成的. 学生对比较法在比较实数大小问题和不等式证明中的应用并不存在很大的困难，但仍有不少学生对比较法的内涵的理解比较肤浅，并不深刻，仅会模仿使用.

此外，在后续的学习中，比较法在函数性质、数列性质以及其他一些问题中的应用，学生对其认识则更为浅薄，甚至出现困难. 究其原因，是对这两种基本数量关系的认知没有随着学习更进一步. 教学中，教师应关注学生对方程、不等式和函数这三者之间关系的认知和理解，从多方面提高学生对两种基本数量关系的认知，升华对比较法的理解和应用.

3. 学生学习新知识的情感态度

比较法的学习可以促进学生对高中数学的学习特点的熟悉和理解，培养其自然语言、符号语言间相互转化的能力，形成静态思维与动态思维相结合的习惯，发展分析能力、抽象能力、化归转化能力、恒等变形能力等，最终提高数学思维能力.

4. 学生的学习方法、习惯以及风格

刚进入高一不久，学生就开始不等式和比较法的学习. 虽然学生已经学过集合与逻辑这一章的内容，但是还没有完全适应高中数学的学习方法，大多数学生还停留在小学与初中的学习方法中. 他们习惯使用观察归纳，有关不等式的成立或不等式的性质等都是从具体实例和静态求解得到的. 而高中数学更具理性，一些相关的结论具有动态的特性，通常需要严格的说理. 比较法是不等式的核心内容之一，由于不等式的基本性质以及不等式的证明需要严格说理和动态分析，所以比较法在其中有着重要的应用. 在后续高中学习中，比较法在各个知识内容中的应用，都是需要教师引导以及学生实践的.

四、 教材分析

比较法是沪教版新课标普通高中数学必修第一册第 2 章第 1 节“等式与不等式的性质”中的教学内容. 该节内容包括：等式的性质与方程的解集、一元二次方程的解集及根与系数关系、不等式的性质. 等式与不等式是两种基本数量关系的体现. 比较法是研究这两种基本数量关系的一种基本方法，因此在该节中出现，并被应用于研究数的大小问题，同时还被应用于研究不等式的性质.

比较法是高中数学中的一个基本方法，后续的教材内容中也有多处应用，如在证明不等式、研究函数的性质、数列的性质等一些问题中都有出现. 同时，在历年的高考中也有所涉及.

五、重难点分析

1. 整体教学重难点

整体教学重难点见表 5－3.

表 5－3　整体教学重难点

<table>
<tr><td>重点</td><td>1. 掌握比较法，并运用比较法学会比较两个数的大小和研究不等式的性质，体会比较法在研究两种数量关系中的应用价值；
2. 运用比较法证明不等式；
3. 运用比较法解决函数性质相关问题，提升对方程、不等式和函数内在联系的认识，提升数学抽象、数学运算素养；
4. 运用比较法解决数列性质相关问题，提升对函数思想的认识、理解和运用能力，提升数学抽象、数学运算素养</td></tr>
<tr><td>难点</td><td>1. 利用比较法解决函数中的函数性质等一些相关问题；
2. 利用比较法解决数列中的数列性质等一些相关问题</td></tr>
</table>

2. 各阶段教学重难点

各阶段教学重难点见表 5－4.

表 5－4　各阶段教学重难点

<table>
<tr><td rowspan="4">第一阶段</td><td rowspan="2">等式性质与不等式性质</td><td>重点</td><td>1. 运用比较法比较两个数的大小；
2. 运用比较法证明不等式的基本性质</td></tr>
<tr><td>难点</td><td>比较法在不等式基本性质的证明中的运用</td></tr>
<tr><td rowspan="2">不等式的证明</td><td>重点</td><td>运用比较法证明不等式</td></tr>
<tr><td>难点</td><td>比较法在不等式证明中的运用</td></tr>
<tr><td rowspan="4">第二阶段</td><td rowspan="2">函数的单调性</td><td>重点</td><td>运用比较法证明函数的单调性</td></tr>
<tr><td>难点</td><td>对 $f(x_2)-f(x_1)$的化简并判别符号</td></tr>
<tr><td rowspan="2">函数的复习</td><td>重点</td><td>运用比较法证明函数的奇偶性</td></tr>
<tr><td>难点</td><td>对 $f(x)-f(-x)$和 $f(-x)-[-f(x)]$的恒等变形和化简</td></tr>
<tr><td rowspan="6">第三阶段</td><td rowspan="2">数列</td><td>重点</td><td>运用比较法解决数列单调性问题</td></tr>
<tr><td>难点</td><td>比较法在解决数列单调性问题中的运用</td></tr>
<tr><td rowspan="2">数列的复习</td><td>重点</td><td>运用比较法解决数列最值问题</td></tr>
<tr><td>难点</td><td>比较法在解决数列最值问题中的运用</td></tr>
<tr><td rowspan="2">二项式定理</td><td>重点</td><td>运用比较法研究二项展开式中二项式系数的单调性与最值等性质</td></tr>
<tr><td>难点</td><td>比较法在研究二项展开式中二项式系数的单调性与最值等性质中的运用</td></tr>
</table>

六、教学方式分析

从“主题”整体角度出发，选择合适的教学方式(体现学生主体)，具体如下：

在第一阶段的等式性质与不等式的性质(片段)中，首先运用讲授法介绍比较法的思想，然后讲练结合，让学生学习使用比较法比较两个“数”的大小问题，再设计问题链启发引导学生发现不等式性质，运用比较法等不同方法证明相关的不等式性质；在不等式证明中，采用学生自主探究问题的方式学习比较法证明不等式.

在第二阶段函数的单调性中，教师先分析引导学生理解函数单调性定义，学生自主探究求解与函数单调性的证明有关的问题，然后归纳小结形成证明函数单调性问题的解题步骤；在函数的复习中，即比较法在证明函数奇偶性问题中的运用，采用教师分析、点拨的方式，让学生理解如何通过问题转化突破问题难点，然后运用比较法解决问题.

在第三阶段数列中，先在教师引导下比较数列与函数单调性异同，让学生理解数列单调性，并让学生在函数观点下探究数列单调性问题；在数列的复习即数列最值问题中，通过教师引导，让学生自主探究解决数列最值问题，学会将问题转化为研究数列单调性问题，进而运用比较法求解；在二项式定理中，通过教师讲授的方式，对于二项式系数的单调性与最值问题，让学生体验如何分析转化问题，实现难点突破，进而学习运用比较法解决问题.

七、案例设计

【第一阶段】总课时 2

第一阶段(水平一)的进阶要求如下.

(1) 知道比较法是用于研究两个数之间大小关系的基本方法.

(2) 会运用比较法比较两个数的大小、研究并证明不等式的基本性质以及证明不等式.

(3) 阶段测试共 5 道测试题，若 5 题均能正确完成，则认为已达到水平一，可以进阶.

课题 1 等式性质与不等式性质

(一) 教学目标

1. 教学内容

(1) 知道等式和不等式是数学中两种基本数量关系(相等关系和不等关系)的体现.

(2) 掌握比较法.

(3) 运用比较法解决比较两个数的大小关系和研究证明不等式的基本性质.

(4) 掌握不等式的基本性质.

2. 重点与难点

(1) 重点：①运用比较法比较两个数的大小；②运用比较法证明不等式的基本性质.

(2) 难点：比较法在不等式基本性质的证明中的运用.

（二）教学设计

1. 不等式的意义

(1) 实数的比较：在数轴上，右>左，$a>b$，如图 5－2 所示.

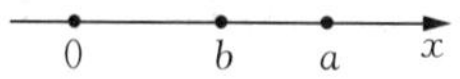

图 5－2 实数的比较

(2) 不等式的意义：$\begin{cases} a-b>0 \Leftrightarrow a>b; \\ a-b=0 \Leftrightarrow a=b; \\ a-b<0 \Leftrightarrow a<b. \end{cases}$

注 1：它是不等式这一章节的理论基础，还是不等式证明的主要依据.

例 1　比较 $(x^2+1)^2$ 与 x^4+x^2+1 的大小关系.

小结：比较法（差值法）步骤：作差—变形—判断—结论.

练习 1　比较 a 与 a^2 的大小关系.

设计意图：由实数大小关系得出比较法规范操作的依据，即从学生原有认知基础出发，简洁直接，通过问题探究，提升学生对比较法应用的理解，并强化问题解决的规范性. 初步学习比较法，为不等式中运用比较法探究不等式性质以及证明不等式做好准备，并为第二阶段比较法在“函数单调性中应用”的学习做好基本准备.

2. 不等式的性质

回忆等式性质：如果 $a=b$，$b=c$，那么 $a=c$，类比不等式性质.

性质 1：（传递性）如果 $a>b$，且 $b>c$，那么 $a>c$.

回忆等式性质：如果 $a=b$，那么 $a+c=b+c$，类比不等式性质.

性质 2：（加法单调性）如果 $a>b$，那么 $a+c>b+c$.

[问题 1] 如果 $a>b$，那么 $a-c>b-c$ 成立吗？为什么？

类比等式性质：如果 $a=b$，那么 $a-c=b-c$.

注 2：在不等式的两边同时加上（或减去）相同的数，不等号方向不改变.

作用：不等式移项法则的依据，即 $a+b>c \Rightarrow a>c-b$.

[问题 2] 如果 $a>b$，且 $c>d$，那么 $a+c>b+d$ 成立吗？为什么？

注 3：不等式中同向不等式相加，要特别注意同向相加.

[问题 3] 如果 $a>b$，且 $c>d$，那么 $a+d>b+c$ 成立吗？为什么？

[问题 4] 如果 $a>b$，且 $c>d$，那么 $a-c>b-d$ 成立吗？为什么？若要使结论成立，则可将条件做如何修改？

回忆等式性质：如果 $a=b$，那么 $a \cdot c=b \cdot c$，类比不等式性质.

性质 3：如果 $a>b$，且 $c>0$，那么 $ac>bc$；

如果 $a>b$，且 $c=0$，那么 $ac=bc$；

如果 $a>b$，且 $c<0$，那么 $ac<bc$.

[问题 5] 如果 $a>b$，且 $c>0$，那么 $\frac{a}{c}>\frac{b}{c}$ 成立吗？为什么？

[问题 6] 如果 $a>b$，那么 $ac^2>bc^2$ 一定成立吗？为什么？

[问题 7] 如果 $a>b$，$c>d$，那么 $ac>bd$ 一定成立吗？为什么？

[问题 8] 如果 $a>b$，那么 $\frac{1}{a}<\frac{1}{b}$ 一定成立吗？为什么？

设计意图：从学生学习过的等式性质出发，类比不等式的性质，构建两种关系之间的联系，促进学生认知发展. 通过问题链引导学生探究和学习不等式的性质，并运用比较法等多种方法证明不等式的性质，增强学生思维的严密性，并促进对不等式性质的理解，同时提升学生对"比较法在解决不等式问题中具有重要价值"的认识.

课题 2　不等式的证明

（一）教学目标

1. 教学内容

(1) 掌握差值法和比值法.

(2) 会运用两类比较法证明不等式.

2. 重点与难点

(1) 重点：运用比较法证明不等式.

(2) 难点：比较法在不等式证明中的运用.

（二）教学设计

1. 复习

比较法(差值法)步骤：作差—变形—判断—结论.

2. 差值法

(1) 求证：$x^2+3>3x$.

(2) 已知 a,b,m 都是正数，并且 $a<b$，求证：$\dfrac{a+m}{b+m}>\dfrac{a}{b}$.

变形：若 $a>b$，结果会怎样？若没有"$a<b$"这个条件，应如何判断？

(3) 已知 a,b 都是正数，并且 $a\neq b$，求证：$a^5+b^5>a^2b^3+a^3b^2$.

(4) 甲、乙两人同时同地沿同一路线走到同一地点，甲有一半时间以速度 m 行走，另一半时间以速度 n 行走；有一半路程乙以速度 m 行走，另一半路程以速度 n 行走，如果 $m\neq n$，问：甲、乙两人谁先到达指定地点？

变形：若 $m=n$，结果会怎样？

设计意图：复习差值法步骤，运用差值法证明不等式和解决问题. 通过问题探究，提升学生运用差值法证明不等式的能力. 在学生能够正确掌握差值法的基础上，为进一步学习比值法奠定基础.

3. 比值法

设 $a,b\in\mathbf{R}^+$，求证：$a^ab^b\geqslant(ab)^{\frac{a+b}{2}}\geqslant a^bb^a$.

小结：比较法(比值法)步骤：作比—变形—判断—结论. 比值法要求作比的两个数均为正.

设计意图：通过问题探究，学习比值法，运用比值法证明不等式. 通过比较，分析差值法和比值法的异同，进一步提升对比较法的理解与认知. 学生通过学习完善对比较法的认识与理解，也为第二阶段学习的开展做好准备.

阶段一测试

1. 求证：$(x-3)^2>(x-2)(x-4)$.

2. 已知 $a>b, c>d, cd\neq 0$，则对于下列不等式：

① $a-c>b-d$；② $\frac{a}{c}>\frac{b}{d}$；③ $c-b>d-a$；④ $ac>bd$.

其中正确的个数是(　　).

A. 1　　B. 2　　C. 3　　D. 4

3. 已知 $-3<a<b<1, -2<c<-1$，求证：$-16<(a-b)c^2<0$.

4. 已知 $0<\frac{a}{b}\leqslant\frac{c}{d}$，试比较 $\frac{b}{a+b}$ 与 $\frac{d}{c+d}$ 的大小.

5. 设函数 $f(x)=ax^2+bx$，且 $1\leqslant f(-1)\leqslant 2, 2\leqslant f(1)\leqslant 4$，求 $f(-2)$ 的取值范围.

【第二阶段】总课时 2

第二阶段(水平二)的进阶要求如下.

(1) 函数的单调性中，根据定义，$f(x_1)<f(x_2)$ 可分析转化为 $f(x_1)-f(x_2)<0$(或 $f(x_1)>f(x_2)$ 可转化为 $f(x_1)-f(x_2)>0$)，并利用比较法证明.

(2) 函数的奇偶性中，根据定义，$f(-x)=-f(x)$ 可分析转化为 $f(-x)-[-f(x)]=f(-x)+f(x)=0$(或 $f(-x)=f(x)$ 可转化为 $f(-x)-f(x)=0$)，并利用比较法证明.

(3) 阶段测试共 4 道测试题，若 4 题均能正确完成，则认为已达到水平二，可以进阶.

课题 1　函数的单调性

(一) 教学目标

1. 教学内容

(1) 掌握根据定义证明函数单调性的步骤.

(2) 经历根据定义证明函数单调性问题的探究，增强学生思维的严密性.

2. 重点与难点

(1) 重点：运用比较法证明函数的单调性.

(2) 难点：对 $f(x_2)-f(x_1)$ 的化简并判别符号.

(二) 教学设计(片段)

应用新知　认知升华

函数单调性的定义：

(1) 如果对于任意 $x_1, x_2\in I$，当 $x_1<x_2$ 时，都有 $f(x_1)<f(x_2)$，那么就说函数 $f(x)$ 在 I 上是严格增函数；

(2) 如果对于任意 $x_1, x_2\in I$，当 $x_1<x_2$ 时，都有 $f(x_1)>f(x_2)$，那么就说函数 $f(x)$ 在 I 上是严格减函数.

问题探究：根据函数单调性的定义，证明：函数 $f(x)=x+\frac{1}{x}$ 在 $(1,+\infty)$ 上是严格增函数.

分析:根据严格增函数定义,对于任意 $x_1,x_2\in(1,+\infty)$,当 $x_1<x_2$ 时,要证明 $f(x_1)<f(x_2)$(比较 $f(x_1)$、$f(x_2)$ 的大小),等价于要证明 $f(x_1)-f(x_2)<0$(判定 $f(x_1)-f(x_2)$ 的符号).

师生总结:根据定义,证明函数单调性,关键是比较 $f(x_1)$、$f(x_2)$ 的大小,也即判定 $f(x_1)-f(x_2)$ 的符号.证明函数在给定区间内单调性的步骤如下:

(1) 在 $f(x)$ 给定区间内任取 $x_1<x_2$;

(2) 作差:$f(x_1)-f(x_2)$;

(3) 变形:通常情况下进行因式分解、配方等;

(4) 定号:$f(x_1)-f(x_2)<0$ 或 $f(x_1)-f(x_2)>0$,并下结论.

设计意图:让学生学会如何分析问题,并初步体会用定义法证明函数单调性过程中的逻辑严密性,定义法证明的关键是比较两个函数值的大小,也即利用比较法判定两个函数值的大小关系,增强学生运用数学语言描述函数单调性的信心.虽然借助函数图像可以直观感知函数单调性,但不是所有函数的图像都能很容易画出来,有些函数图像画法困难或者根本画不出来,但可以利用定义法证明某个函数在指定区间内是否具有单调性.在函数单调性定义证明中,运用比较法,通过符号语言描述和证明函数的单调性更为严谨.函数单调性证明是对比较法理解与应用的再一次提升,因此,比较法具有重要的应用价值.

课题 2　函数的复习

(一) 教学目标

1. 教学内容

(1) 掌握函数奇偶性定义法的证明.

(2) 经历根据定义证明复杂函数奇偶性问题的探究,增强学生分析和转化问题的能力.

2. 重点与难点

(1) 重点:运用比较法证明函数的奇偶性.

(2) 难点:对 $f(x)-f(-x)$ 和 $f(-x)-[-f(x)]$ 的恒等变形与化简.

(二) 教学设计(片段)

复习函数奇偶性定义:

(1) 如果对于函数 $y=f(x)$ 的定义域 D 内的任意实数 x,都有 $f(-x)=-f(x)$,那么就把函数 $y=f(x)$ 叫作奇函数;

(2) 如果对于函数 $y=f(x)$ 的定义域 D 内的任意实数 x,都有 $f(-x)=f(x)$,那么就把函数 $y=f(x)$ 叫作偶函数.

问题探究:证明函数 $f(x)=\lg(x+\sqrt{x^2+1})$ 是奇函数.

分析:函数定义域为 $\mathbf{R}$,根据奇函数定义,对任意实数 x,要证明 $f(-x)=-f(x)$,感觉有点困难.不妨将问题转化,要证明 $f(-x)=-f(x)$,即证明 $f(-x)+f(x)=0$.

师生总结:在根据定义证明奇函数时,当直接证明 $f(-x)=-f(x)$ 困难时,可转化

为证明 $f(-x)+f(x)=0$；那么对于证明偶函数，也可类似地转化为证明 $f(-x)-f(x)=0$.

设计意图：让学生学会如何分析和转化问题，定义法证明函数奇偶性的关键是 $f(-x)$ 和 $f(x)$（或 $-f(x)$）的相等关系，当直接判定相等关系出现困难时，可将问题转化为 $f(-x)-f(x)=0$（或 $f(-x)-[-f(x)]=f(-x)+f(x)=0$），即用比较法证明两个数的相等关系. 比较法的应用不仅能证明不等关系，还能证明相等关系，如在函数奇偶性证明中恰恰蕴含了相等关系，因此，比较法在函数奇偶性证明问题中自然具有其应用价值. 从比较法在不等式中的学习到在函数性质（奇偶性、单调性）中的应用，拓宽了比较法应用的范围，提升了学生对比较法的认识与理解.

阶段二测试

1. 判断函数 $f(x)=\dfrac{|4-x|+x}{\sqrt{9-x^2}}$ 的奇偶性并证明.

2. 若函数 $f(x)=\dfrac{1}{3^x-1}+a$ 是奇函数，求实数 a 的值.

3. 已知函数 $f(x)=\dfrac{3^x}{9^x+1}-\dfrac{1}{2}$，判断并证明 $y=f(x)$ 在 $(-\infty,0)$ 上的单调性.

4. 已知函数 $y=x+\dfrac{1}{x}$ 有如下性质：该函数在 $(0,1]$ 上是减函数，在 $[1,+\infty)$ 上是增函数.

(1) 研究函数 $y=x^2+\dfrac{1}{x^2}$ 在 $(0,+\infty)$ 上的单调性，并给予证明；

(2) 对函数 $y=x+\dfrac{1}{x}$ 和 $y=x^2+\dfrac{1}{x^2}$ 作出推广，使它们都是你所推广的函数的特例. 研究推广后的函数在 $(0,+\infty)$ 上的单调性.（只须写出结论，不必证明）

【第三阶段】总课时 3

第三阶段（水平三）的进阶要求如下.

(1) 从函数观点看数列，数列是一类特殊的函数，与函数单调性类似的数列单调性，可对定义分析转化，$a_{n+1}>a_n$ 可转化为 $a_{n+1}-a_n>0$（或 $a_{n+1}<a_n$ 可转化为 $a_{n+1}-a_n<0$），又当 $a_n>0$ 时，可转化为 $\dfrac{a_{n+1}}{a_n}$ 与 1 比较大小，并利用比较法证明.

(2) 从数列视角看，二项展开式中二项式系数也是数列，对二项式系数单调性和最值的研究，可以利用比较法.

(3) 阶段测试共 4 道测试题，若 4 题均能正确完成，则认为已达到水平三，可以进阶.

课题 1 数列

（一）教学目标

1. 教学内容

(1) 理解严格增数列和严格减数列.

(2) 会从函数观点理解数列的概念以及数列的单调性.

2. 重点与难点

(1) 重点:运用比较法解决数列单调性问题.

(2) 难点:比较法在解决数列单调性问题中的运用.

(二) 教学设计(片段)

严格增数列:从第 2 项起,每一项都大于它的前一项的数列叫作严格增数列.

严格减数列:从第 2 项起,每一项都小于它的前一项的数列叫作严格减数列.

……

以函数的观点来看,数列可以看成定义域为正整数集(或其子集)的函数 $a_n=f(n)$,当 n 从小到大依次取值时,$f(n)$所对应的一列数.

若用坐标(n,a_n)表示项的序数 n 和其对应的 a_n,那么其图像是一列离散的点.

问题探究:若数列$\{a_n\}$的通项公式是 $a_n=\dfrac{n-2}{n+1}$,试判断该数列的单调性.

分析:问题中数列的单调性可以利用其图像判断,比较直观形象. 通过学习严格增数列和严格减数列的定义(严格增数列:$a_{n+1}>a_n$;严格减数列:$a_{n+1}<a_n$),运用比较法,将数列单调性问题转化为 $a_{n+1}-a_n$ 与 0 的大小关系,从而得到数列的单调性.

设计意图:学习严格增数列和严格减数列定义,从函数观点看,由于数列是一类特殊的函数,因此,对数列单调性的研究也可以运用函数方法加以分析,与函数单调性定义法类似,对数列单调性定义法研究时,可以转化为 $a_{n+1}-a_n$ 的值与 0 比较大小,通过具体问题探究提升对数列单调性的理解与认识. 数列单调性定义与函数单调性定义既有联系又有差别,但比较法在证明单调性中的应用是相同的,都是证明不等关系. 从学习函数单调性到学习数列单调性,比较法的应用范围得到进一步拓展,因此,可以在学习数列单调性的同时,二次提升对比较法的认识、理解、应用.

课题 2 数列的复习

(一) 教学目标

1. 教学内容

利用数列的单调性解决数列最值问题.

2. 重点与难点

(1) 重点:运用比较法解决数列最值问题.

(2) 难点:比较法在解决数列最值问题中的运用.

(二) 教学设计(片段)

定义复习:

(1) 严格增数列:满足 $a_{n+1}>a_n$ 的数列叫作严格增数列.

(2) 严格减数列:满足 $a_{n+1}<a_n$ 的数列叫作严格减数列.

问题探究:若数列$\{a_n\}$的通项公式是 $a_n=(2n-1)\left(\dfrac{8}{9}\right)^{n-1}$,试求该数列的最大项.

分析：通过研究数列的单调性，当 $a_{n+1}>a_n$ 时，数列严格增；当 $a_{n+1}<a_n$ 时，数列严格减，从而进一步求解数列的最值. 运用比较法研究数列单调性，可以转化为 $a_{n+1}-a_n$ 与 0 的大小关系，观察可知，当问题中数列为正数列时，也可以转化为$\frac{a_{n+1}}{a_n}$与 1 的大小关系.

设计意图：分析数列的最值问题，发现有时可转化为研究数列单调性，从而求得最值. 而研究数列单调性，运用比较法是最基本的想法. 比较法又分为差值法和比值法，当数列各项均为正时，可以采用比值法(有时比值法的运算比差值法更为简便). 通过对具体问题的探究，体验比值法的运用. 在学习中，比较比值法与差值法的异同，能选择适当的方法解决问题.

课题 3　二项式定理

（一）教学目标

1. 教学内容

运用比较法研究二项展开式中二项式系数的单调性与最值.

2. 重点与难点

(1) 重点：运用比较法研究二项展开式中二项式系数的单调性与最值等性质.

(2) 难点：比较法在研究二项展开式中二项式系数的单调性与最值等性质中的运用.

（二）教学设计（片段）

问题探究：求证：$(a+b)^n$ 的二项展开式中，当 n 为偶数时，中间一项的二项式系数 $C_n^{\frac{n}{2}}$ 取得最大值；当 n 为奇数时，中间两项的二项式系数 $C_n^{\frac{n-1}{2}}$、$C_n^{\frac{n+1}{2}}$ 相等，且同时取得最大值.

设计意图：二项式系数也可以视为一列数列，可以运用研究数列单调性的方法研究二项式系数的性质，这是一种行之有效的方法. 由此，学生扩大了对比较法应用范围的认识.

阶段三测试

1. 在等差数列$\{a_n\}$中，$a_1=-3$，$S_4=S_{11}$，求满足 $S_n\leqslant 0$ 的 n 的最大值.

2. 数列$\{a_n\}$通项公式为 $a_n=\left(-\frac{1}{2}\right)^n$，求该数列的最大值、最小值.

3. 已知数列$\{a_n\}$、$\{b_n\}$的通项公式分别为 $a_n=\left(-\frac{1}{3}\right)^n$、$b_n=2n-1$，$f(n)=a_nb_n$，若 $f(n)<A$ 对一切 $n\in\mathbf{N}^*$ 都成立，求实数 A 的取值范围.

4. 有时可用函数 $f(x)=\begin{cases}0.1+15\ln\frac{a}{a-x} & (x\leqslant 6),\\ \frac{x-4.4}{x-4} & (x>6)\end{cases}$ 描述学习某学科知识的掌握程度，其中 x 表示某学科知识的学习次数($x\in\mathbf{N}^*$)，$f(x)$表示对该学科知识的掌握程度，正实数 a 与学科知识有关. 证明：当 $x\geqslant 7$ 时，掌握程度的增长量 $f(x+1)-f(x)$总是下降.

(本案例由上海市行知中学陈建华老师提供)

【案例 5-6】 模块类主题案例分析——平面向量要素分析

一、 数学内容分析

1. 本主题内容的数学本质、数学文化以及所渗透的数学思想

平面向量是高中数学必修课程几何与代数主题中的内容. 平面向量不仅是代数研究的对象,而且是几何研究的对象,它是沟通几何、代数的一种工具. 因此,平面向量具有几何和代数双重意义.

向量是既有大小又有方向的量,这是一种几何意义描述. 向量在其线性运算与数量积中也具有丰富的几何内涵,通过物理中功的实例抽象出向量的数量积,并通过向量数量积的定义推导得到向量夹角的公式. 同时在由功抽象出向量数量积的过程中,抽象得到投影向量与数量投影等相关概念.

向量及其线性运算和数量积构成具有广泛应用且形式精致的代数结构,基于平面直角坐标系,用坐标形式表示向量,能够把有关的几何问题有效地转化为相应的代数运算问题来处理.

2. 本主题内容在高中数学课程中的地位

平面向量是高一第二学期必修二中继三角和三角函数之后的学习内容,具有丰富而又深刻的几何意义与代数意义,是解决代数、几何、三角及物理等领域中相关问题的一个简捷、有效的工具,也为后续学习平面解析几何等内容奠定知识基础,还能提供问题解决的方法与工具.

3. 本主题内容在整个中小学数学课程中的地位和作用

基于初中阶段对平面向量几何形式的学习,在高中阶段融合了几何意义与代数意义的学习,并且将向量坐标化. 因此,向量是高中数学新课改必修课程几何与代数主题中的重要内容之一,应用于解决代数、几何、三角及物理等领域中相关问题. 平面向量突出了几何直观和代数运算之间的对应转化,通过数与形的融合,把相关的数学知识关联起来.

4. 本主题内容在数学整体中的地位

向量不仅具有丰富的物理背景,而且体现深刻的数学内涵. 它是代数与几何共同研究的对象,是沟通代数、几何的桥梁. 它既是描述直线、曲线、平面、曲面和高维空间数学问题的基本工具,也是进一步学习和研究其他数学领域问题的基础,并且在解决实际问题中发挥着重要作用.

5. 本主题内容与本学段、前后学段以及大学其他知识间的联系

初中阶段主要学习的是平面向量的几何形式,包含向量的定义、平面向量的加法、减法和实数与向量的乘法等相关内容. 在高中阶段,平面向量的知识体系更系统更完整,涉及代数、三角、平面几何与解析几何及物理等领域,这里,向量的工具性尤为突出. 向量由平面推广到三维空间中,可以用于解决立体几何中的问题,在做更一般性的推广后,成为大学线性代数课程中的核心内容之一.

二、课标分析

（一）课程标准中对本主题内容的要求

经历本单元的学习之后，理解平面向量的几何意义和代数意义；掌握平面向量的概念、平面向量运算、平面向量基本定理以及平面向量的应用；学会用向量的语言、方法表述和解决现实生活、数学和物理中的相关问题.

内容包括：向量数量积、向量基本定理、向量坐标表示以及向量应用.

1. 向量数量积

(1) 通过物理中功为背景的实例，理解平面向量数量积的概念及其物理意义，学会计算平面向量的数量积以及平面向量的夹角；

(2) 通过几何直观，了解投影向量及数量投影的概念以及其意义；

(3) 会用数量积判断两个平面向量平行、垂直.

2. 向量基本定理

理解平面向量基本定理及其意义.

3. 向量坐标表示

(1) 在平面直角坐标系中，掌握平面向量的正交分解及其坐标表示；

(2) 学会使用坐标表示平面向量的加、减运算以及数乘运算；

(3) 学会用坐标表示平面向量的数量积以及两个平面向量的夹角；

(4) 能用坐标表示平面向量平行以及垂直的条件.

4. 向量应用

学会运用向量方法解决简单的平面几何问题、三角问题、力学问题、解析几何问题以及其他相关的实际问题，体验向量在解决相关数学问题和实际问题中的作用.

（二）课程标准中对本主题内不同内容要求的关联

平面向量不仅是高中数学中几何与代数这一主题的重要内容之一，而且是解决代数、几何等一些相关问题的有效工具. 通过向量的坐标表示，把几何对象与几何问题数量化，借助代数运算来解决几何问题，使得平面向量与解析几何之间形成紧密联系. 因此，平面向量在研究解析几何中直线、曲线等相关问题时具有重要的工具作用. 由于直线的平行、垂直以及夹角大小等问题是解析几何中的常见问题，因此，运用平面向量是解决解析几何中这类问题的强有力工具.

综上，可以发现向量在解决解析几何相关问题时具有明显的工具性，它是沟通几何与代数的桥梁.

三、学情分析

1. 学生学习新知识的预备状态

在初中阶段，学生学习了平面向量的几何形式，知道了向量的定义以及与之相关的基本概念，学习了平面向量的加法、减法以及实数与向量的乘法. 另外，在物理学习中，已经接触了力、位移、速度等概念，对向量已经有了比较具体的认识.

2. 学生对即将要学习的内容是否有所涉猎

在初中阶段，学生已经学习过一些平面向量的相关知识，如向量的几何表示，知识内容相对基础. 学生对向量已经有了比较初步、具体的认识和理解.

与学生初中学习的平面向量相关内容相比，高中阶段的平面向量知识体系更为完整，不仅包含平面向量的几何和代数内容，而且还注重向量在几何、代数、三角及物理等领域中的应用，与关联知识结合紧密.

此外，在后续的学习中，尤其是在解析几何的学习中，对于解决直线的平行、垂直以及夹角等相关问题，向量的工具作用尤为突出.

3. 学生学习新知识的情感态度

平面向量的学习不仅有助于培养学生数形结合的数学思想，还能提升其分析和解决相关问题的能力. 平面向量具备几何与代数两种形式，与高中数学中其他章节及物理学科中的相关知识结合紧密，对学生数学抽象等素养有较高要求，更加注重思维的严谨性，学生在学习新知和问题求解时可能会存在一定的困难，容易信心不足，这就需要教师的引导和鼓励，以及学生的自主探索实践.

4. 学生的学习方法、习惯以及风格

学生经历了集合与逻辑、不等式、函数、三角等内容的学习，大多数学生都已经适应高中数学的学习. 通过集合与逻辑的学习，学生学会用严谨的数学语言理解与表达，经历不等式、函数以及三角的学习，学生不断积累知识和提升能力素养，为向量的学习奠定基础. 在几何、代数、三角以及解析几何等问题中，向量具有重要的工具作用，并且对学生运用数形结合的思想解决问题的能力有很高的要求. 向量的几何意义的作用是可以用代数方法刻画几何要素和几何问题. 在平面向量的学习中，学生需要充分关注这些特点，建立向量与代数、几何、三角等内容之间的联系. 向量法是研究几何问题的有力工具，在平面向量的学习中，要引导学生深入体会向量及其运算与几何图形之间的联系，总结运用向量的代数运算研究几何问题的方法.

四、 教材分析

平面向量主题主要以沪教版新课标普通高中数学必修第二册第 8 章的内容为教学内容. 内容包括：向量的数量积、向量基本定理、向量的坐标表示和向量的应用. 平面向量是高中数学几何与代数主题中的重要内容之一，也是解决高中数学问题的重要工具.

平面向量在高中数学后续教材内容中也有多处应用，如在解析几何中，运用向量工具解决直线平行、垂直以及夹角等平面中相关问题.

五、 重难点分析

1. 整体教学重难点

整体教学重难点见表 5 - 5.

表 5-5 整体教学重难点

重点	1. 了解投影向量与数量投影的概念及其意义，理解平面向量数量积的概念及其物理意义； 2. 会计算平面向量的数量积、平面向量的夹角以及用数量积判断两个向量的平行、垂直关系； 3. 掌握平面向量的正交分解和坐标表示，学会使用坐标表示平面向量的线性运算、数量积以及两个平面向量的夹角； 4. 学会运用向量运算解决相关的一些几何问题和物理问题； 5. 能够运用向量解决解析几何中的相关问题
难点	1. 通过平面向量的学习，灵活使用向量的代数与几何两种形式解决问题，掌握使用向量工具解决问题的过程和思想方法，提升数学抽象等数学素养； 2. 在数学抽象的基础上实现数学语言到数学思维的过渡，体现数学的严谨性

2. 各阶段教学重难点

各阶段教学重难点见表 5-6.

表 5-6 各阶段教学重难点

<table>
<tr><td rowspan="7">第一阶段</td><td rowspan="2">向量的投影</td><td>重点</td><td>理解投影的概念，区分投影向量与数量投影</td></tr>
<tr><td>难点</td><td>投影向量与数量投影的区分与理解</td></tr>
<tr><td rowspan="2">向量数量积的定义与运算律</td><td>重点</td><td>1. 理解平面向量数量积的定义；
2. 由向量数量积定义推导出向量夹角公式；
3. 平面向量数量积的运算律的探究及运用</td></tr>
<tr><td>难点</td><td>平面向量数量积的运算律的探究及运用</td></tr>
<tr><td rowspan="2">向量基本定理</td><td>重点</td><td>平面向量基本定理的理解和运用</td></tr>
<tr><td>难点</td><td>平面向量基本定理的探究</td></tr>
<tr style="display:none"></tr>
<tr><td rowspan="4">第二阶段</td><td rowspan="2">向量的正交分解与坐标表示、向量线性运算的坐标表示</td><td>重点</td><td>1. 了解平面向量的正交分解及其坐标表示；
2. 理解平面向量的坐标概念，掌握向量的坐标运算</td></tr>
<tr><td>难点</td><td>运用向量的坐标表示法解决简单的实际问题</td></tr>
<tr><td rowspan="2">向量数量积与夹角的坐标表示</td><td>重点</td><td>探究向量数量积和夹角的坐标表示形式</td></tr>
<tr><td>难点</td><td>利用向量数量积和夹角的坐标解决问题</td></tr>
<tr><td rowspan="4">第三阶段</td><td rowspan="2">向量的应用 1</td><td>重点</td><td>利用平面向量知识证明平行、垂直等问题</td></tr>
<tr><td>难点</td><td>如何将几何等实际问题化归为向量问题</td></tr>
<tr><td rowspan="2">向量的应用 2</td><td>重点</td><td>1. 在分析问题的过程中寻找合理使用向量工具的条件；
2. 灵活使用向量的代数与几何两种形态解决问题</td></tr>
<tr><td>难点</td><td>能够把握现实问题中所研究对象的数学特征，学会运用准确的数学语言进行表达</td></tr>
</table>

续表

第三阶段	向量在解析几何中的应用	重点	运用向量解决直线、直线与圆以及直线与圆锥曲线中平行、垂直、夹角等相关问题
		难点	运用向量解决直线、直线与圆以及直线与圆锥曲线中平行、垂直、夹角等相关问题

3. 教学方式分析

在第一阶段教学中，先由物理学中“功”的概念的实际背景出发，抽象出投影向量，通过分析讨论得到数量投影的概念，为数量积概念的生成做好充分准备. 数量积是向量的一个重要运算，来源于物理概念——“功”，是第一阶段的重要内容，通过类比，由实数的运算律得到数量积的运算律，并探究向量数量积的运算性质，然后分析转化得到向量夹角公式，并推出平行以及垂直的充要条件. 向量基本定理是平面向量中最重要的内容之一，它是向量坐标表示的相关理论基础，通过对向量基本定理由特殊到一般的探究，为第二阶段的学习奠定基础.

在第二阶段中，由力的正交分解抽象出向量的正交分解，在直角坐标系中，通过向量正交分解对应得到向量坐标，学习向量的代数表示，然后通过推导得到向量数量积的坐标表示，运用坐标完成第一阶段数量积中所有与之有关知识的代数表示，并通过例题探究，提升运用数量积及其坐标表示解决相关向量问题的能力.

第三阶段学习向量的应用. 在第一阶段和第二阶段中，学生已经系统学习了向量的几何、代数表示以及与之相关的内容. 能综合运用向量的几何或代数形式分析解决问题，这是进阶到第三阶段向量学习的重要目标之一. 本阶段的学习，主要以问题探究的形式展开，学生经历向量在解决平面几何问题、三角问题、物理问题、解析几何问题(包含直线问题和圆锥曲线问题)中的应用的过程，使学生应用向量分析解决各类问题的能力得到提升，这是第三阶段的主要目的.

七、 案例设计

【第一阶段】总课时 3

第一阶段(水平一)的进阶要求如下.

(1) 知道向量是既有大小又有方向的量，既有代数的抽象性，又有几何的直观性，是数形结合的典范.

(2) 由物理学中的“功”抽象出平面向量数量积，继而导出向量夹角公式，并掌握证明向量平行和垂直的充要条件.

(3) 由特殊到一般，学习平面向量基本定理，为后续学习平面向量的坐标表示奠定理论基础.

(4) 阶段测试共 7 道测试题，若 7 题均能正确完成，则认为已达到水平一，可以进阶.

课题 1 向量的投影

（一）教学目标

1. 教学内容

(1) 通过回顾“功”的概念，理解投影向量的概念.

(2) 通过几何与代数表示，区分投影向量与数量投影.

2. 重点与难点

(1) 重点：理解投影的概念，区分投影向量与数量投影.

(2) 难点：投影向量与数量投影的区分与理解.

（二）教学设计（片段）

片段一：创设情境并引入课题

回顾物理学中“功”的概念，功并不是把力的大小和位移向量大小直接相乘而得到，而是把作用力在位移方向上的分力大小乘物体位移量. 在位移方向上的分力指的是作用力 $\vec{f}$ 在位移向量 $\vec{s}$ 上的投影 $\overrightarrow{f_1}$，如图 5－3 所示，由此引出投影的概念.

设计意图：回顾物理学中“功”的概念，引出投影向量的概念. 由物理学中“功”的实际背景出发，抽象出投影向量概念，符合学生认知规律，并且为学生体会投影向量与向量数量积的紧密关系做好铺垫. 理解投影向量是学习向量数量积的重要准备，能够促进学生对向量数量积的概念的理解与认识，知道投影向量是与向量数量积关联的重要概念.

抽象形成投影的概念：如果向量 $\overrightarrow{AB}$ 的起点 A 和终点 B 在直线 l 上的投影分别为 A' 和 B'，那么向量 $\overrightarrow{A'B'}$ 叫作向量 $\overrightarrow{AB}$ 在直线 l 上的投影向量，简称为投影，如图 5－4 所示.

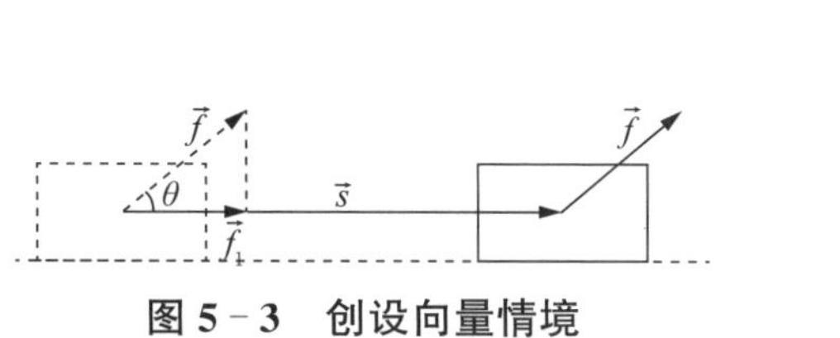

图 5－3 创设向量情境

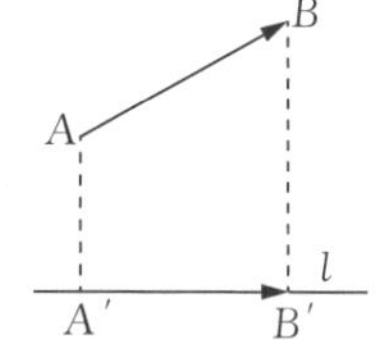

图 5－4 向量与投影

[问题]：向量在同一方向上的投影是否唯一？

设计意图：利用图形，让学生对投影向量的概念有更加直观、形象的理解，对投影的属性进行辨析，为区别“投影向量”与“数量投影”做好铺垫和准备.

片段二：分类讨论图形，归纳投影的代数表达

以点 O 为向量起点，作 $\overrightarrow{OA}=\vec{a}$，$\overrightarrow{OB}=\vec{b}$，平面向量 $\vec{a}$ 与 $\vec{b}$ 的夹角记作 $\langle\vec{a},\vec{b}\rangle$，两个向量夹角的取值范围为 $[0,\pi]$，如图 5－5 所示.

当 $\langle\vec{a},\vec{b}\rangle=\frac{\pi}{2}$ 时，则称 $\vec{a}$ 与 $\vec{b}$ 垂直，记为 $\vec{a}\perp\vec{b}$.

设向量 $\vec{b}$ 的终点 B 在 $\vec{a}$ 所在直线上的投影为 B'，则 $\overrightarrow{OB'}$ 即为向量 $\vec{b}$ 在 $\vec{a}$ 方向上的投影.

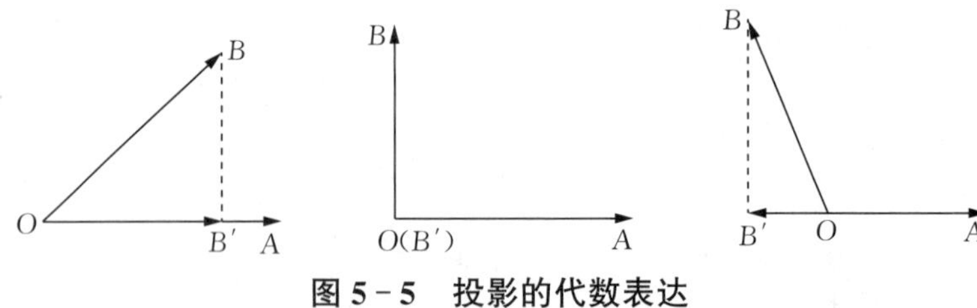

图 5－5　投影的代数表达

由投影向量定义可知，投影为一个向量，一个向量是由其模长和方向决定的.

由图 5－5 易知，投影 $\overrightarrow{OB'}$ 的模长 $|\overrightarrow{OB'}|=|\vec{b}||\cos\langle\vec{a},\vec{b}\rangle|$. 当 $\langle\vec{a},\vec{b}\rangle<\frac{\pi}{2}$ 时，$\overrightarrow{OB'}$ 与 $\overrightarrow{OA}$ 方向相同；$\langle\vec{a},\vec{b}\rangle=\frac{\pi}{2}$ 时，$\overrightarrow{OB'}=\vec{0}$；当 $\langle\vec{a},\vec{b}\rangle>\frac{\pi}{2}$ 时，$\overrightarrow{OB'}$ 与 $\overrightarrow{OA}$ 方向相反.

综上，投影与 $\overrightarrow{OA}$ 平行，取 $\vec{a}$ 的单位向量 $\overrightarrow{a_0}=\frac{1}{|\vec{a}|}\vec{a}$，由此，向量 $\vec{b}$ 在 $\vec{a}$ 方向上的投影可以表示为

$$|\vec{b}|\cos\langle\vec{a},\vec{b}\rangle\overrightarrow{a_0}=\frac{|\vec{b}|\cos\langle\vec{a},\vec{b}\rangle}{|\vec{a}|}\vec{a}.$$

设计意图：通过几何图形的分类讨论，并进行归纳小结，形成投影向量的代数表达形式，使"投影向量"概念中"形"与"数"对应，为"数量投影"概念的引出做好充分的铺垫.

数量投影：$|\vec{b}|\cos\langle\vec{a},\vec{b}\rangle$ 称为向量 $\vec{b}$ 在 $\vec{a}$ 方向上的数量投影.

数量投影是一个数量，其绝对值等于向量 $\vec{b}$ 在 $\vec{a}$ 方向上投影的模，正负由 $\langle\vec{a},\vec{b}\rangle$ 决定，当 $\langle\vec{a},\vec{b}\rangle<\frac{\pi}{2}$ 时，数量投影为正；当 $\langle\vec{a},\vec{b}\rangle>\frac{\pi}{2}$ 时，数量投影为负；当 $\langle\vec{a},\vec{b}\rangle=\frac{\pi}{2}$ 时，数量投影为零.

[问题] 比较投影向量与数量投影，说说它们的区别与联系.

设计意图：比较投影向量与数量投影，促进学生对这两个概念的理解，为向量数量积的学习做好准备.

课题 2　向量数量积的定义与运算律

（一）教学目标

1. 教学内容

(1) 借助"功"这一向量数量积的物理情境，理解平面向量数量积的含义以及它的物理意义.

(2) 掌握数量积的性质和向量的夹角公式，并运用相关知识进行判断和运算.

(3) 学习平面向量数量积的运算律，体会类比思想，进一步提升学生的数学抽象概括、推理论证能力.

2. 重点与难点

(1) 重点：①理解平面向量数量积的定义；②由向量数量积定义推导出向量夹角公式；

③平面向量数量积的运算律的探究及应用.

(2) 难点：平面向量数量积的运算律的探究及应用.

（二）教学设计

引例：如图所示，物体在力的作用下，产生位移 $\vec{s}$，若力 $\vec{f}$ 的方向与位移 $\vec{s}$ 的方向成 θ 角，那么力 $\vec{f}$ 所做的功为：$W=|\vec{f}|\cdot|\vec{s}|\cos\theta$. 这种向量的运算也就是向量的数量积.

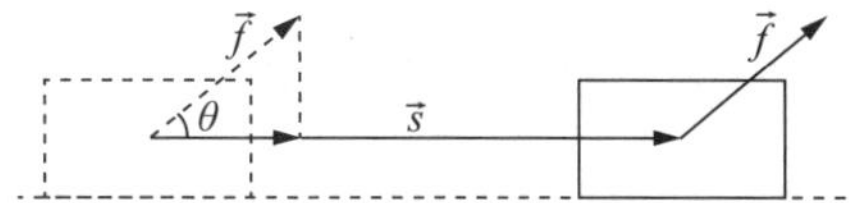

设计意图：借助物理学中的“功”作为问题背景，认识平面向量的数量积，引入数量积的概念. 同时，分析投影向量在平面向量数量积概念学习中的作用与价值.

1. 向量数量积的定义

设 $\vec{a}$ 与 $\vec{b}$ 是两个非零向量，定义 $\vec{a}$ 与 $\vec{b}$ 的数量积 $\vec{a}\cdot\vec{b}=|\vec{a}|\cdot|\vec{b}|\cos\langle\vec{a},\vec{b}\rangle$，即 $\vec{a}\cdot\vec{b}$ 是 $\vec{a}$ 的模 $|\vec{a}|$、$\vec{b}$ 的模 $|\vec{b}|$ 与 $\vec{a}$、$\vec{b}$ 夹角 $\langle\vec{a},\vec{b}\rangle$ 的余弦的乘积.

有了这个定义，物理中的功 W 就是力向量与位移向量的数量积.

注意：(1) “·”不能省略，也不能用“×”代替；

(2) 规定零向量与任意向量的数量积为 0；

(3) 向量的数量积是数量，例如 $\vec{0}\cdot\vec{a}=0$，而不是 $\vec{0}\cdot\vec{a}=\vec{0}$；

(4) $|\vec{b}|\cos\langle\vec{a},\vec{b}\rangle$ 是 $\vec{b}$ 在 $\vec{a}$ 方向上的数量投影，而 $|\vec{a}|\cos\langle\vec{a},\vec{b}\rangle$ 是 $\vec{a}$ 在 $\vec{b}$ 方向上的数量投影；

(5) 约定 $\vec{a}\cdot\vec{a}=\vec{a}^2$，它其实就是 $|\vec{a}|^2$.

设计意图：通过学生分析，学习定义中的内容要点，知道数量积是一种新运算，它与前面学习的向量线性运算是有区别的，其运算的结果是一个数.

[问题] 判断下列命题真假.

(1) 若 $\vec{a}\cdot\vec{b}=\vec{a}\cdot\vec{c}$，则 $\vec{b}=\vec{c}$；

(2) 若 $\vec{a},\vec{b},\vec{c}$ 是任意向量，则 $(\vec{a}\cdot\vec{b})\cdot\vec{c}=\vec{a}\cdot(\vec{b}\cdot\vec{c})$.

设计意图：通过类比实数运算律，使学生探究得出平面向量数量积的运算律，提升学生的逻辑思维与研究问题的能力.

由向量数量积的定义，可以得到：(1) $\vec{a}\perp\vec{b}$ 当且仅当 $\vec{a}\cdot\vec{b}=0$；

(2) $|\vec{a}\cdot\vec{b}|\leqslant|\vec{a}|\cdot|\vec{b}|$，当且仅当 $\vec{a}/\!/\vec{b}$ 时等号成立.

设计意图：使学生学会应用向量数量积解决向量夹角问题及向量的垂直、平行问题.

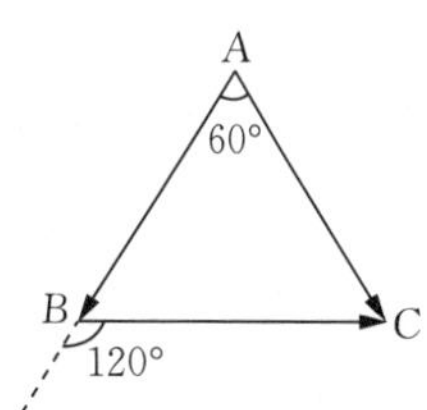

例 1 如图所示，给定边长为 6 的正三角形 ABC，求 $\overrightarrow{AB}\cdot\overrightarrow{AC}$ 和 $\overrightarrow{AB}\cdot\overrightarrow{BC}$.

设计意图：熟悉向量的数量积公式，注意求向量数量积时需要准确求出两个向量的夹角.

例 2 证明:(1) $(\vec{a}+\vec{b})^2=\vec{a}^2+2\vec{a}\cdot\vec{b}+\vec{b}^2$;(2) $(\vec{a}+\vec{b})\cdot(\vec{a}-\vec{b})=\vec{a}^2-\vec{b}^2$.

设计意图:通过问题证明,体会平面向量运算律在解决问题中的运用,并比较平面向量运算与多项式运算的相似与差异.

例 3 设向量 $\vec{a}$,$\vec{b}$ 满足 $|\vec{a}|=2$,$|\vec{b}|=3$,$\langle\vec{a},\vec{b}\rangle=\dfrac{\pi}{3}$,求 $|3\vec{a}-2\vec{b}|$.

例 4 已知 $|\vec{a}|=6$,$|\vec{b}|=3$,$\vec{a}\cdot\vec{b}=-9\sqrt{2}$,求 $\langle\vec{a},\vec{b}\rangle$.

设计意图:通过例题熟悉向量的模和夹角的运算,计算时须注意夹角的取值范围.

课题 3 向量基本定理

(一) 教学目标

1. 教学内容

(1) 经历对平面向量基本定理概括、抽象的学习过程,体验由特殊到一般的数学思想.

(2) 通过对平面向量基本定理的学习,体会用基表示平面内任一向量的方法.

2. 重点与难点

(1) 重点:平面向量基本定理的理解和应用.

(2) 难点:平面向量基本定理的探究.

(二) 教学设计(片段)

创设情境 引入课题

在物理学中,任意方向的一个力都可以分解成两个不同方向的分力,如图 5-6 所示. 力是一类向量,那么上述结论如何用数学中的向量语言进行描述呢?

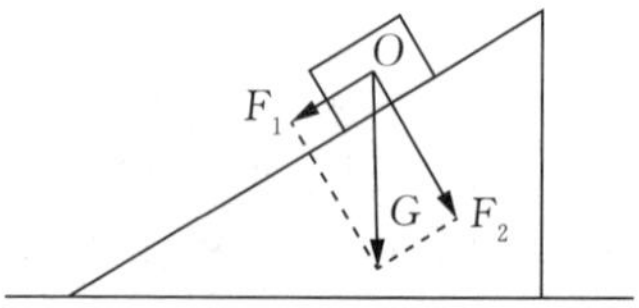

图 5-6 力的分解

学生活动 1:如图所示,已知 $\vec{e}_1$,$\vec{e}_2$,求作向量:

①$3\vec{e}_1-2\vec{e}_2$;②$\dfrac{1}{2}\vec{e}_1+\vec{e}_2$.

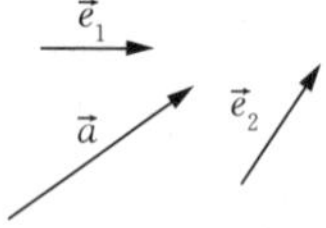

通过刚才的亲身体验,可以发现一组不共线的向量 $\vec{e}_1$,$\vec{e}_2$,能做出多个甚至无数多个不同的向量,现在反过来思考一个问题:对于平面上任一向量 $\vec{a}$,是不是都能用 $\vec{e}_1$,$\vec{e}_2$ 来表示呢?

设计意图:通过对实际问题的操作,让学生体验同一平面中两个不平行的非零向量的不同线性组合可以表示该平面中不同的向量,为自然过渡到平面向量基本定理的探究做铺垫.

学生活动 2:小组讨论:对于平面上任意一个向量 $\vec{a}$,是不是都能用 $\vec{e}_1$,$\vec{e}_2$ 来表示? 如果可以,请说明操作步骤和理由.

设计意图:揭示课题,培养学生逆向思维能力.

教师归纳:将 $\vec{e}_1$、$\vec{e}_2$ 平移到同一个起点,并以这两个向量方向的线段为邻边,以 $\vec{a}$ 为对角线,构造一个平行四边形,得到 $\vec{a}=\lambda_1\vec{e}_1+\lambda_2\vec{e}_2$.

设计意图:由特殊到一般,通过实践活动突破本课题重难点.

平面向量基本定理：如果 $\vec{e}_1$、$\vec{e}_2$ 是同一平面内的两个不平行向量，那么对于平面内任一向量 $\vec{a}$，有且只有一对实数 λ_1、λ_2，使 $\vec{a}=\lambda_1\vec{e}_1+\lambda_2\vec{e}_2$，不平行的向量 $\vec{e}_1$、$\vec{e}_2$ 称为平面向量的一个基.

设计意图：学生自主阅读定理，体会定理中的几个关键点.

(1) 基底 $\vec{e}_1$、$\vec{e}_2$ 不共线，且具有任意性；

(2) λ_1、λ_2 唯一性；

(3) λ_1 或 $\lambda_2=0$ 时，平面向量基本定理变为向量共线定理.

平面向量基本定理是向量坐标表示的重要理论依据，它为第二阶段向量坐标的学习奠定理论基础，也为进阶第二阶段做好准备.

阶段一测试

1. 已知 $|\vec{a}|=2$，$|\vec{b}|=1$，且 $\vec{a}$，$\vec{b}$ 的夹角为 $45°$，则 $\vec{a}$ 在 $\vec{b}$ 方向上的数量投影为________.

2. 已知两个单位向量 $\vec{a}$、$\vec{b}$ 满足 $|\vec{a}-\vec{b}|=\sqrt{3}|\vec{b}|$，则 $\vec{a}$ 与 $\vec{b}$ 的夹角为________.

3. 在平行四边形 $ABCD$ 中，已知 $AB=1$，$AD=2$，$\angle BAD=60°$，若 $\overrightarrow{CE}=\overrightarrow{ED}$，$\overrightarrow{DF}=2\overrightarrow{FB}$，则 $\overrightarrow{AE}\cdot\overrightarrow{AF}=$________.

4. 已知 P 是边长为 2 的正六边形 $ABCDEF$ 内的一点，则 $\overrightarrow{AP}\cdot\overrightarrow{AB}$ 的取值范围是________.

5. 在 $\triangle ABC$ 中，$\angle A=60°$，$AB=3$，$AC=2$. 若 $\overrightarrow{BD}=2\overrightarrow{DC}$，$\overrightarrow{AE}=\lambda\overrightarrow{AC}-\overrightarrow{AB}(\lambda\in\mathbf{R})$，且 $\overrightarrow{AD}\cdot\overrightarrow{AE}=-4$，则 λ 的值为________.

6. 已知 $\vec{e}_1$，$\vec{e}_2$ 是互相垂直的单位向量，若 $\sqrt{3}\vec{e}_1-\vec{e}_2$ 与 $\vec{e}_1+\lambda\vec{e}_2$ 的夹角为 $60°$，则实数 λ 的值是________.

7. 已知 $|\vec{a}|=6$，$|\vec{b}|=2$，$\vec{a}\cdot\vec{b}=-12$，则向量 $\vec{a}$ 在 $\vec{b}$ 方向上的数量投影为(　　).

A. 4　　B. -4　　C. -2　　D. 2

【第二阶段】总课时 2

第二阶段(水平二)的进阶要求如下.

(1) 知道向量的坐标表示是通过直角坐标系的引入实现向量问题代数化，能用代数方法解决向量问题.

(2) 掌握向量的正交分解与坐标表示，以及向量线性运算、向量数量积与夹角的坐标表示.

(3) 阶段测试共 5 道测试题，若 5 题均能正确完成，则认为已达到水平二，可以进阶.

课题 1　向量的正交分解与坐标表示、向量线性运算的坐标表示

(一) 教学目标

1. 教学内容

(1) 通过物理学中力的正交分解，理解向量的正交分解，进而掌握向量的坐标表示法，提升学生数形结合的能力.

(2) 掌握向量的加法和减法、实数与向量乘法、向量模的坐标表示，提升学生的代数推理能力.

(3) 应用向量的坐标表示法解决简单的实际问题,从形—数—形的角度,体会向量的坐标表示在解决实际问题中的严谨与便捷.

2. 重点与难点

(1) 重点:①了解平面向量的正交分解及其坐标表示;②理解平面向量的坐标概念,掌握向量的坐标运算.

(2) 难点:应用向量的坐标表示法解决简单的实际问题.

(二) 教学设计(片段)

1. 创设情境　引入课题

物理中常将力进行正交分解,实际上这是向量分解的一个常见应用. 把向量 $\vec{a}$ 写成所在平面上两个不平行向量 $\vec{e}_1$ 与 $\vec{e}_2$ 的线性组合的过程称为 $\vec{a}$ 关于 $\vec{e}_1$ 与 $\vec{e}_2$ 的分解. 在 $\vec{e}_1 \perp \vec{e}_2$ 情况下的分解称为向量的正交分解.

设计意图: 由物理学中"力"的分解抽象出向量的分解,再得到向量的正交分解,这是第一阶段中向量基本定理的重要应用,也是由特殊到一般,再由一般到特殊的一个过程.

2. 形成概念　理解辨析

在平面直角坐标系中,x 轴与 y 轴正方向上的单位向量分别为 $\vec{i}$、$\vec{j}$,任意一个向量 $\vec{a}$ 可以分解成 $\vec{a}=x\vec{i}+y\vec{j}$,这就是一个正交分解.

必须注意,在向量 $\vec{a}$ 的坐标表示中,先要作出从原点出发的向量 $\overrightarrow{OA}=\vec{a}$,才能用点的坐标 (x,y) 表示向量 $\vec{a}$ 的坐标,如图 5-7 所示. 因此,通常把向量 $\overrightarrow{OA}$ 称为 $\vec{a}$ 的位置向量,位置向量终点的坐标才是所给向量的坐标.

$\vec{a}=\overrightarrow{OA}=(2,2)$　$\vec{i}=(1,0)$

$\vec{b}=\overrightarrow{OB}=(2,-1)$　$\vec{j}=(1,0)$

$\vec{c}=\overrightarrow{OC}=(2,-5)$　$\vec{0}=(0,0)$

图 5-7　向量的坐标表示

设计意图: 由位置向量的正交分解对应到位置向量的坐标,通过具体实例促进学生对平面向量基本定理的理解与认识.

例　如图所示,已知点 P 的坐标是 (x_1,y_1),点 Q 的坐标是 (x_2,y_2),那么向量 $\overrightarrow{PQ}$ 的坐标怎么表示呢?

$\because \overrightarrow{PQ}=\overrightarrow{OQ}-\overrightarrow{OP}=(x_2\vec{i}+y_2\vec{j})-(x_1\vec{i}+y_1\vec{j})$

$=(x_2-x_1)\vec{i}+(y_2-y_1)\vec{j}$,

$\therefore \overrightarrow{PQ}=(x_2-x_1,y_2-y_1)$.

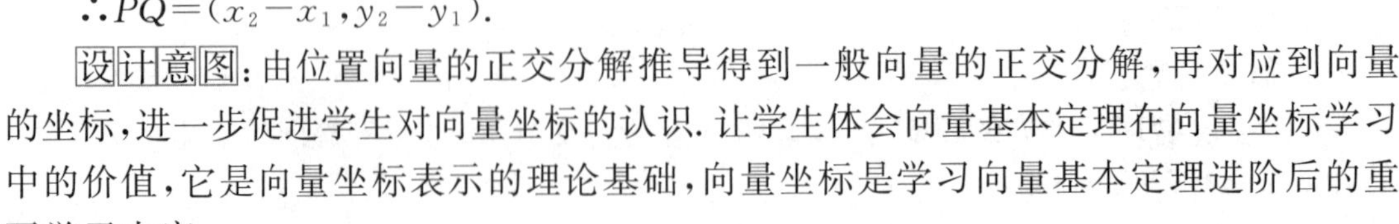

设计意图: 由位置向量的正交分解推导得到一般向量的正交分解,再对应到向量的坐标,进一步促进学生对向量坐标的认识. 让学生体会向量基本定理在向量坐标学习中的价值,它是向量坐标表示的理论基础,向量坐标是学习向量基本定理进阶后的重要学习内容.

课题2 向量数量积与夹角的坐标表示

（一）教学目标

1. 教学内容

（1）掌握平面向量数量积的坐标表示，会用坐标进行数量积的运算；

（2）理解平面向量的夹角公式，能正确求解两个向量的夹角问题；

（3）经历平面向量数量积坐标表示的学习，提升学生对数量积的认识，提高学生的运算能力和数学素养.

2. 重点与难点

（1）重点：探究向量数量积和夹角的坐标表示形式.

（2）难点：利用向量数量积和夹角的坐标解决问题.

（二）教学设计（片段）

提出问题 形成概念

问题(1)：平面向量的数量积能否用坐标表示？

问题(2)：已知两个非零向量$\vec{a}=(x_1,y_1)$，$\vec{b}=(x_2,y_2)$，怎样用$\vec{a}$与$\vec{b}$的坐标表示$\vec{a}\cdot\vec{b}$呢？

问题(3)：如何用坐标表示两个平面向量垂直或平行的条件？

$$\begin{aligned}\vec{a}\cdot\vec{b}&=(x_1\vec{i}+y_1\vec{j})\cdot(x_2\vec{i}+y_2\vec{j})\\&=(x_1x_2)\vec{i}^2+(x_1y_2+x_2y_1)\vec{i}\cdot\vec{j}+y_1y_2\vec{j}^2.\end{aligned}$$

因为$\vec{i}$、$\vec{j}$是互相垂直的单位向量，所以$\vec{i}^2=1$，$\vec{j}^2=1$，$\vec{i}\cdot\vec{j}=0$，所以$\vec{a}\cdot\vec{b}=x_1x_2+y_1y_2$.

已知两个非零向量$\vec{a}=(x_1,y_1)$、$\vec{b}=(x_2,y_2)$，把向量夹角公式中的模和数量积用坐标表示，则得到向量夹角的坐标表示形式

$$\cos\langle\vec{a},\vec{b}\rangle=\frac{\vec{a}\cdot\vec{b}}{|\vec{a}||\vec{b}|}=\frac{x_1x_2+y_1y_2}{\sqrt{x_1^2+x_2^2}\sqrt{y_1^2+y_2^2}}.$$

探究：运用坐标表示两个平面向量垂直、平行的充要条件.

已知向量$\vec{a}=(x_1,y_1)$、$\vec{b}=(x_2,y_2)$，则

（1）$\vec{a}\perp\vec{b}\Leftrightarrow x_1x_2+y_1y_2=0$；

（2）$\vec{a}/\!/\vec{b}\Leftrightarrow x_1y_2=x_2y_1$.

设计意图：教师提出问题，引导学生探索发现向量垂直、平行的充要条件的坐标表示，并进行交流展示. 这是在第一阶段学习向量数量积进阶后对其坐标表示的学习.

例1 已知向量$\vec{a}=(1,2)$，$\vec{b}=(2,-2)$，求$|a|$、$|b|$与$\langle\vec{a},\vec{b}\rangle$.

设计意图：这是对向量数量积坐标表示问题的学习，是由对向量概念及运算的学习后进阶到对它们的坐标表示的问题探究.

例2 已知$\triangle ABC$中，A、B、C三点的坐标分别为$(2,-2)$，$(-2,3)$，$(3,7)$，求证：$\triangle ABC$是直角三角形.

设计意图：向量垂直的充要条件是向量数量积坐标表示为零，通过对这类问题的探

究，由第一阶段学习后进阶到对坐标表示的学习.

阶段二测试

1. 已知向量 $\vec{a}=(1,2)$，$\vec{b}=(2,-2)$，则 $\langle\vec{a},\vec{b}\rangle=$________.

2. 已知 $\overrightarrow{AB}=(2,3)$，$\overrightarrow{AC}=(3,t)$，$|\overrightarrow{BC}|=1$，则 $\overrightarrow{AB}\cdot\overrightarrow{BC}=$________.

3. 已知向量 $\vec{a}=(2,1)$，$\vec{b}=(3,-1)$，则向量 $\vec{a}$ 在 $\vec{b}$ 方向上的数量投影为________.

4. 已知向量 $\vec{a}=(3k,3)$，$\vec{b}=(-6,k-7)$，(1)若 $\vec{a}\perp\vec{b}$，求实数 k 的值；(2)若 $\vec{a}$ 与 $\vec{b}$ 的夹角为钝角，求实数 k 的取值范围.

5. 设 $t,k\in\mathbf{R}$，已知 $\vec{a}=(1,2)$，$\vec{b}=(-2,1)$，$\vec{m}=\vec{a}+(t+2)\vec{b}$，$\vec{n}=k\vec{a}+t\vec{b}$.

(1) 若 $t=1$，且 $\vec{m}/\!/\vec{n}$，求 k 的值；

(2) 若 $\vec{m}\cdot\vec{n}=5$，求证：$k\leqslant 2$.

【第三阶段】总课时 3

第三阶段(水平三)的进阶要求如下.

1. 运用向量的代数或几何两种形态解决代数、几何、三角以及物理等领域中各类问题；

2. 运用向量坐标表示，将几何对象与几何问题代数化，通过数学运算解决几何问题，这与解析几何形成紧密联系，可研究解决解析几何中直线、曲线等相关问题(如直线的平行、垂直以及夹角大小等)；

3. 阶段测试共 8 道测试题，若 8 题均能正确完成，则认为已达到水平三，可以进阶.

课题 1　向量的应用 1

（一）教学目标

1. 教学内容

(1) 通过对运用向量方法求解相关平面几何问题的学习，体会向量是解决平面几何问题的重要工具之一.

(2) 这节课主要采用问题解决法，运用向量方法解决一些平面几何问题，使学生更容易理解向量的实质.

(3) 通过问题探究，使学生形成运用向量工具研究解决平面几何的意识，提升学生知识的迁移能力、数学运算能力和分析求解实际问题的能力，体会平面向量在平面几何和生活中的价值与意义.

2. 重点与难点

(1) 重点：利用平面向量知识证明平行、垂直等问题.

(2) 难点：如何将几何等实际问题化归为向量问题.

（二）教学设计（片段）

创设情境　引入课题

向量加法和减法的几何模型是平行四边形，如图 5-8 所示，经过观察，猜想一下平行四边形对角线的长度与两邻边长度之间有什么关系，并加以证明.

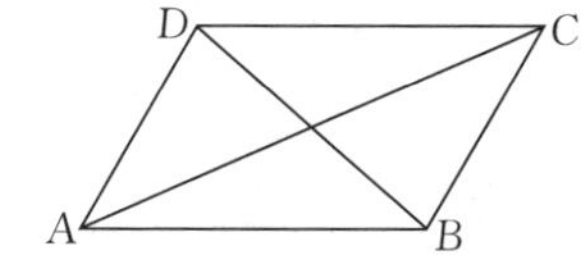

图 5－8 向量加法和减法的几何模型

设计意图:向量是高中数学中重要的工具之一,在很多问题的解决中都有应用,它是沟通代数与几何的桥梁,因此在经历第一阶段向量概念及运算和第二阶段向量坐标的学习之后,学习向量的应用是很有必要的,它能进一步拓宽学生对向量的认识与理解,提升学生应用向量解决问题的能力.在学习向量应用的起始,从第一阶段中熟悉的平行四边形模型情境出发,启发学生对熟悉的平面几何图形展开思考,快速关联向量工具,并且让学生认识到向量在解决几何问题中具有重要的应用价值.

例 1 已知 P 是直线 P_1P_2 上一点,且 $\overrightarrow{P_1P}=\lambda\overrightarrow{PP_2}$($\lambda$ 为实数,且 $\lambda\neq-1$),P_1,P_2 的坐标分别为 (x_1,y_1)、(x_2,y_2).求点 P 的坐标 (x,y).

设计意图:在第二阶段向量坐标学习之后,运用坐标解决几何问题是向量应用的一个重要方面,因此设计运用向量坐标表示推导定比分点坐标,让学生体会向量的运用.

例 2 求证:平面中,对角线互相平分的四边形是平行四边形.

已知:如图所示,设四边形 $ABCD$ 的对角线 AC、BD 交于点 O,且 $AO=OC$,$BO=OD$.

求证:$ABCD$ 是平行四边形.

设计意图:这是一个运用向量证明平面几何的问题,也是学生比较熟悉的一个结论.通过运用向量解决该问题,让学生体会向量的几何特征,提升学生运用向量分析和解决几何问题的能力.

例 3 如图所示,已知 $\overrightarrow{CA}=\vec{a}$,$\overrightarrow{CB}=\vec{b}$,记 $\triangle ABC$ 的面积为 S.

(1) 求证:$S=\dfrac{1}{2}\sqrt{|\vec{a}|^2|\vec{b}|^2-(\vec{a}\cdot\vec{b})^2}$;

(2) 设 $\vec{a}=(x_1,y_1)$,$\vec{b}=(x_2,y_2)$.求证:$S=\dfrac{1}{2}|x_1y_2-x_2y_1|$.

设计意图:这个问题旨在运用向量表示三角形面积,而三角形面积公式是学生熟悉的,通过运用向量求解熟悉的问题,让学生体会向量在解决几何问题中的重要价值,并提升学生分析几何问题、运用向量工具转化几何问题以及解决几何问题的能力.

课题 2 向量的应用 2

(一) 教学目标

1. 教学内容

(1) 通过向量不同形态在问题解决中的应用,体验并加深对向量这两种表达形态的感悟,加强应用向量工具灵活处理问题的能力.

(2) 经历对已学知识的再认知,感受向量在数学、物理领域学习中的基础性与广泛应用性,提升数学抽象与建模的能力,培养应用向量工具处理跨章节、跨学科问题的思维习惯.

2. 重点与难点

(1) 重点:①在分析问题的过程中寻找合理使用向量工具的条件;②灵活使用向量的代数与几何两种形态解决问题.

(2) 难点:能够把握现实问题中所研究对象的数学特征,学会运用准确的数学语言进行表达.

(二) 教学设计(片段)

例 1 证明:$\cos(\alpha-\beta)=\cos\alpha\cos\beta+\sin\alpha\sin\beta$.

方法一:第六章的教学中已学习,带动学生回顾.

方法二:提示学生应用向量知识处理问题,提示学生观察公式结构,分析可能使用的向量知识.

设计意图:回顾旧知,进一步体验知识习得的过程,让学生更多关注知识发生的过程,而非简单记忆结果.向量的两种表达形态在实际解题中有很多灵活的应用,如数量积可利用几何与代数两种表达形态自然构成等式.在问题解决过程中,让学生体验向量在解决三角问题中的应用.在教学过程中,教师需有意识地引导学生,强化运用向量工具解决问题的思维方式.

例 2 将质量为 20kg 的物体用两根绳子悬挂起来,如图所示,两根绳子与铅垂线的夹角分别为 30°和 45°,求它们分别提供的拉力的大小.(结果精确到 0.1N)

问题分析:利用重力=拉力即可构建等式,但要注意质量与重量的转换.

设计意图:通过问题探究让学生体验向量在实际生活和物理学中的应用.在教学过程中,不能仅仅满足于问题的解决,更要充分发挥一个题目的教学效果,充分调动学生学习的积极性,多角度、跨章节、综合性地思考问题,既可以更好地巩固知识,也可以提升学生的数学思维品质.本题方法很多,可以考虑用解三角形的方法,或用今后学习的解析几何的方法.通过课堂即时反馈,检验学生学习成果,即学生是否能抓住构造等式这一关键点.

课题 3 向量在解析几何中的应用

(一) 教学目标

1. 教学内容

(1) 能够利用向量以及直线的点方向式、点法向式解决相关的问题.

(2) 理解直线夹角公式的推导.

(3) 会运用向量解决直线与圆位置关系中的相关问题.

(4) 会运用向量解决圆锥曲线中的相关问题.

2. 重点与难点

(1) 重点:运用向量解决直线、直线与圆以及直线与圆锥曲线中平行、垂直、夹角等相关问题.

(2) 难点:运用向量解决直线、直线与圆以及直线与圆锥曲线中平行、垂直、夹角等相关问题.

(二) 教学设计(片段)

片段一:向量在直线相关问题中的应用

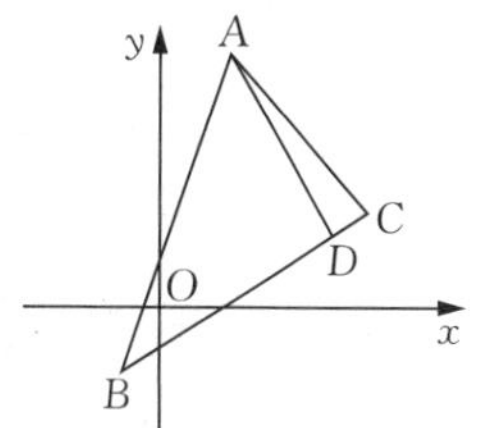

例 1 如图所示,已知△ABC 的三个顶点坐标分别为 $A(1,6)$,$B(-1,-2)$,$C(6,3)$,求:

(1) BC 边所在直线的方程;

(2) BC 边上的高 AD 所在直线的方程.

[问题] 在求解直线方程中,如何确定直线的方向向量或法向量?

设计意图:向量工具在解析几何中有很多应用,本问题可利用向量的平行、垂直的充要条件以及直线的点方向式和点法向式求解直线方程. 经历问题求解,让学生体验向量工具在解决直线方程问题中的应用.

片段二:向量在直线夹角公式推导中的应用

先画图,再引导学生分析直线夹角与直线方向向量之间的关系.

设两条直线的方程分别为

$l_1:a_1x+b_1y+c_1=0(a_1,b_1$ 不全为零),

$l_2:a_2x+b_2y+c_2=0(a_2,b_2$ 不全为零).

设 l_1 与 l_2 的夹角为 α,l_1 与 l_2 的一个方向向量分别为 $\vec{d_1}$ 与 $\vec{d_2}$,其夹角为 θ,且 $\vec{d_1}=(b_1,-a_1)$,$\vec{d_2}=(b_2,-a_2)$,

当 $\theta\in\left[0,\frac{\pi}{2}\right]$ 时,则 $\alpha=\theta$,如图 5-9(1)所示;

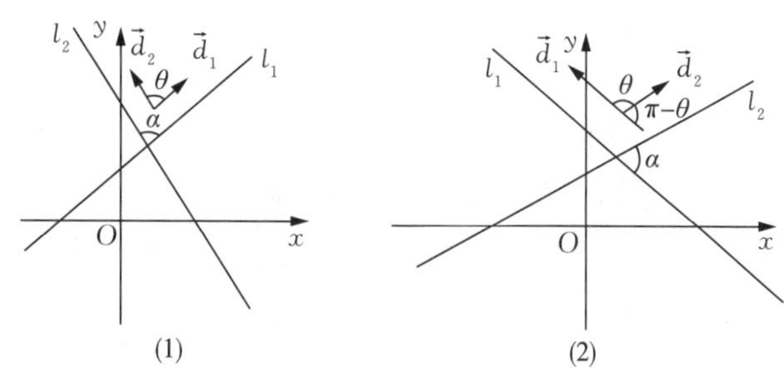

图 5-9 直线夹角与直线方向向量之间的关系

当 $\theta\in\left(\frac{\pi}{2},\pi\right]$ 时,则 $\alpha=\pi-\theta$,如图 5-9(2)所示.

于是得 $\cos\alpha=|\cos\theta|=\left|\frac{\vec{d}_1\cdot\vec{d}_2}{|\vec{d}_1|\cdot|\vec{d}_2|}\right|=\frac{|a_1a_2+b_1b_2|}{\sqrt{a_1^2+b_1^2}\cdot\sqrt{a_2^2+b_2^2}}$,即为直线 l_1 与 l_2 的夹角公式.

特别地,$l_1\perp l_2\Leftrightarrow\vec{d}_1\perp\vec{d}_2\Leftrightarrow\vec{n}_1\perp\vec{n}_2\Leftrightarrow a_1a_2+b_1b_2=0$(其中 $\vec{n}_1,\vec{n}_2$ 分别为 l_1 与 l_2 的一个法向量). 由 $a_1a_2+b_1b_2=0$,可得当 $b_1\neq0,b_2\neq0$ 时,有 $\frac{a_1}{b_1}\cdot\frac{a_2}{b_2}=-1$,也即当两条直线的斜率都存在时,$l_1$ 与 l_2 垂直的充要条件是 $k_1k_2=-1$,其中 k_1,k_2 分别为直线 l_1,l_2 的斜率.

[问题] 观察图形,直线夹角和向量夹角之间有何联系与区别? 两者的夹角公式有何关系?

设计意图: 结合图形发现直线方向向量夹角与直线夹角之间的关系,利用向量夹角公式推导直线夹角公式,让学生理解直线夹角公式和向量夹角公式之间的联系,并从两直线夹角的特殊情况出发,获取直线垂直的充要条件. 通过问题求解让学生体验向量在直线夹角问题中的应用.

片段三:向量在直线与圆位置关系相关问题中的应用

例 2 已知 $M(x_0,y_0)$ 为圆 $C:x^2+y^2=r^2$ 上一点,求过点 M 的圆 C 的切线 l 的方程.

例 3 过圆 $O:x^2+y^2=16$ 外一点 $M(2,-6)$ 作直线交圆 O 于 A、B 两点,求弦 AB 的中点 C 的轨迹.

[问题] 图形中有什么不变的几何特征? 如何运用向量工具将几何特征转化为代数方程?

片段四:向量在圆锥曲线相关问题中的应用

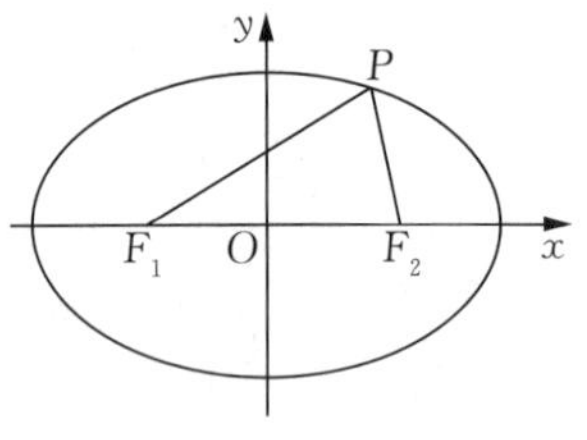

例 4 如图所示,已知椭圆 $C:\frac{x^2}{9}+\frac{y^2}{4}=1$ 的焦点为 F_1,F_2,椭圆 C 上的动点 $P(x_P,y_P)$,当 $\angle F_1PF_2$ 为钝角时,求 x_P 的取值范围.

[问题]如何运用向量工具将几何条件钝角转化为代数不等式?

设计意图: 在片段三、片段四的问题求解过程中,让学生分析发现圆锥曲线问题中蕴含的几何性质,并运用向量工具转化为等量关系,从而达到解决问题的目的. 让学生体验向量在解决圆锥曲线问题中的应用,学会运用向量工具解决圆锥曲线中的相关问题.

阶段三测试

1. 如图所示,在矩形 $ABCD$ 中,$AB=\sqrt{2}$,$BC=2$,点 E 为 BC 的中点,点 F 在直线 CD 上. 若 $\overrightarrow{AB}\cdot\overrightarrow{AF}=\sqrt{2}$,则 $\overrightarrow{AE}\cdot\overrightarrow{BF}=$________.

2. 过点 $P(-1,3)$ 且垂直于直线 $x-2y+3=0$ 的直线方程是____________.

3. 经过点 $P(1,-1)$ 的圆 $(x-3)^2+(y-2)^2=4$ 的切线方程是____________.

4. 已知抛物线 $C:y^2=8x$ 的焦点为 F，准线为 l，P 是 l 上一点，Q 是直线 PF 与 C 的一个交点，若 $\overrightarrow{FP}=4\overrightarrow{FQ}$，则 $|QO|=$________.

5. 已知直线 $l_1:\sqrt{3}x+y=0$ 与直线 $l_2:kx-y+1=0$，若直线 l_1 与 l_2 的夹角是 $60°$，则 k 的值为( ).

A. $\sqrt{3}$ 或 0　　B. $-\sqrt{3}$ 或 0　　C. $\sqrt{3}$　　D. $-\sqrt{3}$

6. 直线过点 $A(x_0,y_0)$，$B(x,y)$ 是直线 l 上任意一点，$\vec{d}=(a,b)$ 是非零向量，则 $\overrightarrow{AB}/\!/\vec{d}$ 是 $\dfrac{x-x_0}{a}=\dfrac{y-y_0}{b}$ 的( ).

A. 充分非必要条件　　B. 必要非充分条件

C. 充要条件　　D. 既非充分又非必要条件

7. 如图所示，设 A 是单位圆 O 和 x 轴正半轴的交点，P，Q 是圆 O 上两点，O 为坐标原点，$\angle AOP=\dfrac{\pi}{4}$，$\angle AOQ=x$，$x\in\left[0,\dfrac{\pi}{2}\right]$.

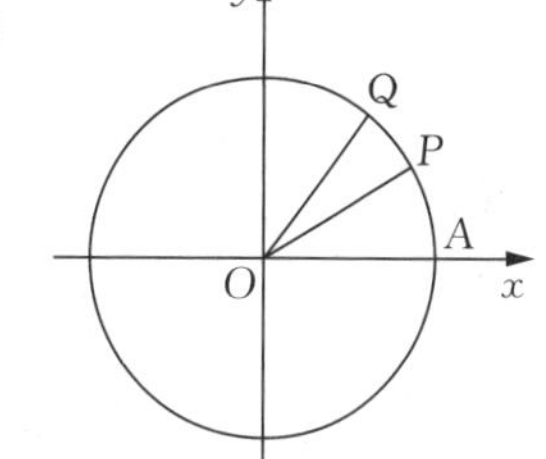

(1) 当 $x=\dfrac{\pi}{6}$ 时，求 $\overrightarrow{OP}\cdot\overrightarrow{OQ}$ 的值；

(2) 设函数 $f(x)=\overrightarrow{OP}\cdot\overrightarrow{OQ}+\sin 2x$，求 $f(x)$ 的值域.

8. 如图所示，在四边形 $OBCD$ 中，$\overrightarrow{CD}=2\overrightarrow{BO}$，$\overrightarrow{OA}=2\overrightarrow{AD}$，$\angle D=90°$，且 $|\overrightarrow{BO}|=|\overrightarrow{AD}|=1$.

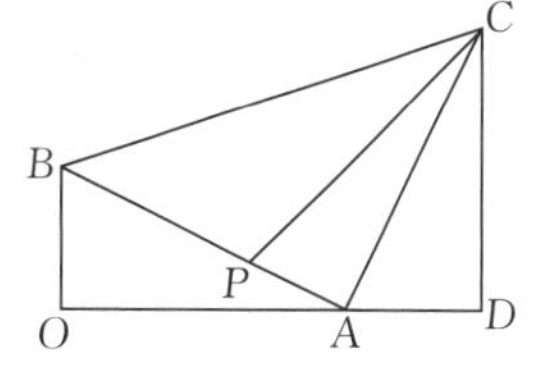

(1) 用 $\overrightarrow{OA}$，$\overrightarrow{OB}$ 表示 $\overrightarrow{CB}$.

(2) 点 P 在线段 AB 上，且 $AB=3AP$，求 $\cos\angle PCB$ 的值.

（本案例由上海市行知中学陈建华老师提供）

【案例 5-7】 结合其他素养主题案例分析——数学建模要素分析

一、数学内容分析

1. 本主题内容的数学本质、数学文化以及所渗透的数学思想

数学之所以具有广泛的应用性，是因为它可以为其他学科、实践生产及日常生活提供多样化的数学模型. 日常生活中，同学们对数学模型其实并不完全陌生，比如，投篮时，篮球划过的曲线（几何模型）、天气预报（统计预测模型）、公交车的运力安排（预测决策模型）等.

我们将数学信息（数量和图形等）从以上情景中抽象出来，通过构建并求解数学模型，寻找这些数量及图形间的内在联系及潜在规律. 生活中我们广泛地应用这些模型的运算结果，而数学建模则为它们提供有力的理论支撑.

数学建模的历史就是人类应用数学的历史，当数学应用到实践的那一刻起，人类就开始了数学建模. 最早的数学建模甚至可以追溯到远古时期，我国古代文献曾对此有所记载，《周易 · 系辞》云：“上古结绳而治.”《春秋左传集解》记录了“古者无文字，其有约誓之

事，事大大其绳，事小小其绳，结之多少，随扬众寡，各执以相考，亦足以相治也”. 虽然当时的人们还没有数学建模的思想，甚至连数学是什么都还不清楚，但是数学建模却已经实实在在地发生了.

不论是我们日常生活中的琐事，还是“两弹一星”这样的国之重器，数学建模都在其中有着广泛的应用. 也正是由于其广泛的应用性，使得在数学建模的过程中，有大量的数学思想穿插其中，比如：在将实际问题转化为数学问题时，涉及数学抽象；在构造方程研究相关变量之间相互影响时，涉及函数与方程；在初探具体物件的形状（含夹角、大小等）性质时，涉及直观想象（随着科技的发展，现在更为常见的是利用相关软件进行模拟）；在研究篮球在空中划过的曲线时，涉及数形结合（此处是数辅助形进行研究）；等等. 可以说，大大小小、形式多样的各类数学模型中都广泛存在着各类数学思想.

在数学建模过程中，我们将生活情境中的数量关系和空间形式抽象出来，在此基础上构建数学模型，从而进一步解决实际问题. 在解决问题的过程中，我们试图通过寻找数量之间的内在联系以及图形与图形之间的潜在关联，来抽象出事物（生活背景下）的内在规律.

2. 本主题内容在高中数学课程中的地位

数学建模是高中数学课程的重要内容，承载着提升学生学科应用能力和数学素养的重要使命，也是培养学生学会用数学的眼光看世界，用数学的思维分析世界，用数学的语言表达世界的重要途径.

实际生活问题的复杂性造就了数学模型的多样性和融合性. 学生在综合使用平面几何、函数、不等式等高中知识构建模型的过程中，将这些在教材中看似独立的板块融合在一起，帮助学生构建起各知识点之间的联系，形成知识网络，培养各类知识交叉应用的能力.

数学建模过程中，高中数学中的各类数学思想渗透其中，有助于学生进一步体会这些思想的应用场景及内涵；同时，数学建模的过程也涉及各类数学核心素养，如数学抽象、数据分析等.

3. 本主题内容在整个中小学数学教学中的地位和作用

在小学和初中的数学教材上，数学建模多以如下两种形式出现：(1)作为理论数学知识的引例（如喷泉实例引出抛物线）；(2)给定数值的应用题（如给定拱桥数据，测量拱桥所在圆的半径长）. 在此阶段，课本以叙述实际案例的形式，渗透数学可以与生活相融合、数学使生活更美好等重要的思想. 高中数学课程标准则明确指出，数学建模是数学学科六大核心素养之一，具有综合性强、与其他 5 类核心素养联系紧密、互相交融的特点.

与此同时，尽管数学学科在中高考中具有举足轻重的地位，但仍有部分学生认为理论数学知识不能在实际生活中运用，从而对数学学习缺乏兴趣. 也有一部分学生学习数学仅仅是为了获取高分，或为了进入上一级学校，而并不会主动地将数学运用于生活当中，使得数学学习与生活完全分离.

数学建模的存在，就是为了打通那堵竖立在理论数学和现实生活之间的结实“屏障”. 由于并非所有学生在高中毕业之后还会再接触数学这门学科，所以在高中学习数学建模就显得很有必要.

虽然目前并不清楚数学建模在高考中将以何种形式呈现，但它是提升学生应用数学知识解决实际问题的最重要的手段，也是破除“数学无用论”的最重要的途径. 数学建模将理论与实践相连接，将书本和生活相连接，让学生真正明白学习数学的意义和价值，用正确的视角看待中小学数学学习，提高学习数学的动力，并能将理论数学知识服务于日常生活.

同时，数学建模是培养学生抽象思维的有力抓手. 在数学建模过程中，学生都会经历将现实问题转化为抽象数学问题这一过程，这为我们培养学生抽象能力提供高效途径.

4. 本主题内容在数学整体中的地位

由于数学建模具有数学和现实两个出发点，所以数学建模并不完全属于数学范畴. 客观地说，大多数数学模型的命名，往往依赖于所描述的学科背景. 例如：医学中的传染病预防模型、金融工具中的投资组合模型、环境治理中的水污染扩散模型等. 在上述这些模型中，人们对其中蕴含的数学价值往往并不关心，而是更多关注模型的结果是否能够很好地描述事物变化的客观规律. 但是，人们在构造数学模型和实际应用过程中，往往能够获得数学方面的灵感，从而促进数学学科自身的发展.

5. 本主题内容与本学段、前后学段及大学其他知识之间的联系

数学建模是数学应用的重要形式，也是应用数学解决实际问题的基本手段.

中小学、高等数学的理论知识都是数学建模的部分知识储备. 数学建模是用数学语言描述、解决现实问题的过程，只有在前学段和本学段对理论数学的知识具有充分的理解和一定的数学敏锐性，学生才能对复杂的实际问题进行合理的转化和抽象.

从另一方面来看，学习数学建模能培养学生的创造性思维、抽象思维，并为大学阶段的数学学习做好知识储备. 通过数学建模，学生能够对相关知识的来龙去脉和现实意义有更进一步的了解，增进对知识的掌握和运用程度. 数学建模还能够让学生体会到数学与生活的密切联系，激发学习数学的积极性，从而促进学生主动学习数学.

二、课标分析

1. 课程标准中对本主题内容的要求

数学建模是一个庞大的素养类主题. 就知识本体来说，其中包含：函数模型、几何模型、统计预测模型、预测决策模型等，其所涉及的数学思想更是不胜枚举，同时它与其他5个核心素养联系紧密、互相交融. 虽然数学建模体系庞杂，但是从核心素养的角度来看，我们要注意把握数学建模素养的属性定位：①对现实问题的数学抽象；②用数学语言表达问题；③用数学方法构建模型解决问题. 不难发现，数学建模聚焦学生数学学科核心素养的几个关键点：基于现实情境，构建数学模型，经历“发现、提出、分析、解决问题”的过程，进而发展“四能”（发现、提出、分析、解决问题能力），达到“三会”（会用数学眼光看、会用数学思维想、会用数学语言表达现实世界）.

通过数学建模活动，改变传统的学习方式，引导学生主动、高效地学数学、做数学、用数学. 强调建模学习的“过程”，强调“活动”，强调“选题、开题、做题、结题”4个环节.

通过建模的学习和实践，让学生学会探究发现、合作学习、个性展示、撰稿写作、工具选择、信息挖掘、交流分享、归纳提升，提高学生的学习兴趣，发展创新精神，培养应用意识和实践能力，增进学生对数学学科价值的理解，积累一些用数学知识解决实际问题的经验，使学生适应现代社会可持续发展的要求.

2. 课程标准中对本主题内不同内容要求的关联

数学建模是以应用数学的知识与方法，通过建立数学模型解决实际问题. 实际问题的多样性和复杂性决定了数学建模与整个数学课程内其他内容之间有着广泛的联系. 如：必修第四册教材中，“红绿灯管理”和“诱人的优惠券”这两个模型均与函数及其性质(单调性、最值等)有关；“车辆转弯时的安全隐患”这一模型与解斜三角形和三角函数有关；“雨中行”的模型与立体几何的知识相关.

三、学情分析

1. 学生学新知识的预备状态

在学习高中数学课程前，学生对数学建模没有具体的了解，前学段课本上对数学建模也没有详细介绍，只是偶有提及，例如：喷泉喷出水的弧线是二次函数(抛物线)，其提及的目的也仅仅是引出二次函数，而非数学建模. 所以说，学生对于数学建模的知识预备还仅仅停留在前阶段数学课程的理论知识，对数学建模本身几乎没有什么了解.

2. 学生对即将要学习的内容是否有所涉猎

学生在前学段的学习中，对于数学在实际生活中的应用已经有所了解，知道抛物线可以用二次函数进行描述，知道已知山高和坡角可以利用三角比测算坡度长，等等.

3. 学生学习新知识的情感态度

对于一部分学生而言，他们习惯于课堂内“三点一线”的“课堂学习－课后作业－阶段考试”式数学学习，仅将此作为获得理想成绩以及升学的必要过程，并且认为课堂内“抽象而复杂”的数学知识对实际生活没有很大的帮助. 而数学建模的引入，则可帮助学生打破理论数学知识和现实生活之间的“屏障”，让学生体会到数学是一门实用、有趣的学科，它能提高学习积极性，帮助我们更好地生活.

4. 学生的学习方法、习惯以及风格

常规数学课程的学习方式是：老师给出问题—引导思考—解决问题—掌握知识—强化训练—知识内化，而数学建模将打破这一格局，因为现实生活中的问题并不会像理论数学那样，会给出具体的变量或参数. 学生首先需要对实际问题进行分析，进而从中抽象出变量等影响事件发展的因素，将实际问题转化为数学问题，对数学问题进行求解，最终再将数学理论回归现实，并赋予其实际意义. 所以数学建模的学习，将打破学生长期以来形成的学习习惯，化被动为主动，进而促进数学学习能力的提升.

四、教材分析

沪教版新课标普通高中数学必修第四册(整册)和选择性必修第二册第九章中都是数学建模内容. 该部分内容列举了 14 个数学建模实例，引导学生了解、经历完整的数学建模活动过程，帮助学生形成数学建模的意识，并学习撰写数学建模活动报告. 数学建模在教材中属于相对独立的知识体系，以高中数学理论知识为支撑，主要用于解决实际问题，也能适当加深学生对其他知识的理解.

五、重难点分析

1. 整体教学重难点

整体教学重难点见表 5－7.

表 5－7 整体教学重难点

重点	1. 经历完整的数学建模活动，知道数学建模和数学模型的区别，知道数学建模活动的完整过程，了解数学建模活动的具体步骤； 2. 通过具体数学建模实例的学习，培养将实际问题转化为抽象问题的能力，在过程中培养数学抽象的核心素养； 3. 体会利用数学知识解决生活问题的乐趣，破除数学“无用论”
难点	1. 分析实际问题，将其抽象、转化为数学问题； 2. 解决数学问题，并赋予其实际意义

2. 各阶段教学重难点

各阶段教学重难点见表 5－8.

表 5－8 各阶段教学重难点

第一阶段	重点	1. 知道数学模型和数学建模的区别； 2. 知道数学建模的完整过程； 3. 了解数学建模的具体步骤； 4. 分析实际问题与数学问题的关联，解决数学问题，并赋予其实际意义
	难点	解决已经被转化为数学问题的实际问题
第二阶段	重点	1. 培养在实际生活中提出问题并将其抽象为数学问题的能力； 2. 在实际问题数据不足的情况下，培养自主搜索、补充数据的意识
	难点	将实际问题抽象为数学问题
第三阶段	重点	1. 培养在实际生活中提出问题并将其抽象为数学问题的能力； 2. 选择合适的方法解决复杂的数学问题； 3. 了解更多数学模型
	难点	将实际问题抽象为数学问题

六、案例设计

【第一阶段】总课时 1

第一阶段（水平一）的进阶要求如下.

（1）了解熟悉的数学模型的背景及其数学描述，了解数学模型中的参数、结论的实际含义. 知道数学建模的过程包括：提出问题、建立模型、求解模型、检验结果、完善模型.

（2）能够在熟悉的实际情境中，模仿学过的数学建模过程解决问题. 对于学过的数学模型，能够举例说明建模的意义，体会其蕴含的数学思想.

(3) 感悟数学表达对数学建模的重要性. 在交流过程中,能够引用已有的数学模型的结果说明问题.

(4) 阶段测试共 3 道测试题,若 3 题均能正确完成,则认为已达到水平一,可以进阶.

课题　数学建模简介

(一) 教学目标

(1) 了解简单线性规划模型的常见背景及其数学描述.

(2) 了解线性规划模型中的参数、结论的实际意义.

(3) 知道数学建模活动的具体步骤和过程.

(4) 体会数学建模的乐趣.

(二) 教学设计

例 1　加工奶制品的生产计划.

已知一桶牛奶可以用做生产 A_1 或者 A_2,12 小时可以生产 3 千克 A_1 并获利 24 元/千克,8 小时可以生产 4 千克 A_2 并获利 16 元/千克. 每天有 50 桶牛奶原料,工人每天共计工作时间 480 小时,至多加工 100 千克 A_1.

思考路径分析:本题的目标是在满足题干约束条件的前提下,合理分配用于生产 A_1 和 A_2 的牛奶数量,从而达到利润最大的目标.

1. 模型建立及问题转化

决策变量:x_1 桶牛奶生产 A_1,x_2 桶牛奶生产 A_2.

目标函数:获利 $24\times 3x_1$,获利 $16\times 4x_2$,每天获利 $\text{Max } z=72x_1+64x_2$.

2. 模型求解

目标函数:$\text{Max } z=72x_1+64x_2$ 及约束条件如图 5 - 10 所示,易得在点 $B(20,30)$得到最优解,所以用 20 桶牛奶生产 A_1,30 桶牛奶生产 A_2,可以使利润最大.

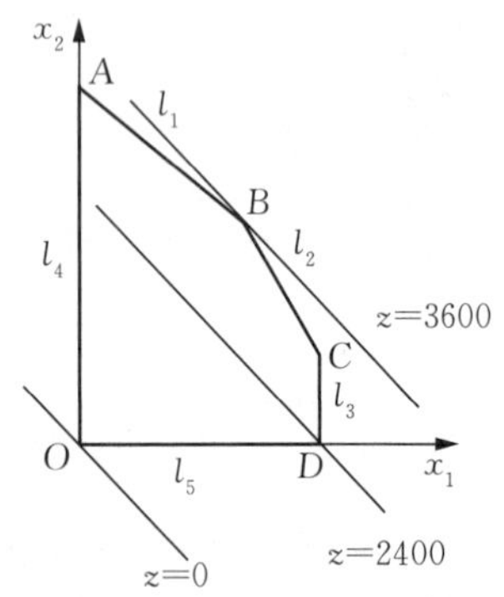

图 5 - 10　目标函数及约束条件

设计意图:本题属于线性规划知识点下的简单应用题,是学生日常接触较少的一类问题. 除了需要从实际问题中抽象出数学问题外,还需要抽象出目标函数的几何意义,属于对抽象素养有一定要求的简单问题.

例 2　从包饺子说起:通常,用 1 kg 的面粉和 1 kg 饺子馅能包 100 个饺子. 有一次,饺子馅做多了,而面粉没有变. 为了把饺子馅全部包完,问:是应该让每个饺子小一些,从而多包几个,还是应该让每个饺子大一些,少包几个? 如果回答是包大饺子,那么如果 100 个饺子能包 1 kg 的饺子馅,问:50 个饺子可以包多少饺子馅?

思考路径分析:通常大家都有“大饺子会使用更多饺子馅”的直观认识,觉得包大饺子才更符合题意. 但是这个理由并不足以让人信服. 虽然大饺子包的饺子馅更多,但同时消耗的面粉也更多，这就需要建立比较饺子馅和使用面粉二者之间的数量关系，量化其比例关系.

总结：建模常用的关键步骤有以下几点：

(1) 用数学语言(表面积和体积)表示显示对象(饺子皮和饺子馅)；

(2) 做出简化、合理的假设；

(3) 利用问题蕴含的内在规律(体积和表面积之间的几何关系).

设计意图：本题源于学生熟悉的简单生活背景，难点在于模型的建立，如何从生活情境中抽象、联想到数学问题是本题突破的关键.学生若能在教师的引导下成功建立模型，则后续的求解会比较简单，只是应用了常见的面积、体积公式和一些简单的数学运算.

课后作业：超市购物时，大包装的物品比小包装的物品往往具有更高的性价比(单位重量物品和价格比)，你能建立一个数学模型，并给出合理的解释吗?

设计意图：本题与例 2 属于同类型问题，学生在教师的引导下已经完成了例 2 的学习，数学抽象的难点已经在课上进行了突破，课后只需类比例题即可轻松完成本题.

阶段一测试

1. 某产品生产厂家安排生产：每生产产品 x(百台)，其总成本为 $G(x)$(万元)，其中固定成本为 2 万元，并且每生产 1 百台的生产成本为 1 万元(总成本=固定成本+生产成本)；销售收入 $R(x)$(万元)满足：$R(x)=\begin{cases}-0.4x^2+4.2x-0.8(0\leqslant x\leqslant 5),\\ 10.2(x>5),\end{cases}$ 假定该产品产销平衡，那么根据上述统计规律：

(1) 要使工厂有盈利，产量 x 应控制在什么范围?

(2) 工厂生产多少台产品时，可使盈利最多?

2. 某企业生产甲、乙两种产品，已知生产每吨甲产品需要用 A 原料 3 吨、B 原料 2 吨；生产每吨乙产品需要用 A 原料 1 吨、B 原料 3 吨.销售每吨甲产品可获得利润 5 万元，每吨乙产品可获得利润 3 万元，该企业在一个生产周期内消耗 A 原料不超过 13 吨、B 原料不超过 18 吨，求该企业可获得的最大利润.

3. 如图所示，有一堆规格相同的铁制(铁的密度是 7.8 g/cm^3)六角螺帽共重 5.8 kg，已知底面是正六边形，边长为 12 mm，内孔直径为 10 mm，高为 10 mm，问：这堆螺帽大约有多少个?(π 取 3.14)

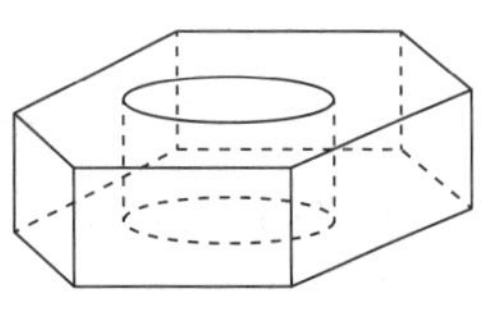

设计意图：阶段测试题的设置，在抽象素养方面，难度较例题相对降低了一些，选择了两个例题中要求较低的例 1 做匹配(如第 2 题)，这是为了能让大多数同学顺利满足进阶的要求.这样，一方面可以减少学生学习时的挫败感，另一方面是为了提高学生的学习兴趣.第 1 题和第 3 题都属于简单的应用题范畴，在抽象素养要求下，使绝大多数同学都能够顺利完成.

【第二阶段】总课时 2

第二阶段(水平二)的进阶要求如下.

(1) 能够在熟悉的情境中，发现问题并转化为数学问题，知道数学问题的价值和作用.能够选择合适的数学模型表达所要解决的数学问题.

(2) 理解模型中参数的意义,知道如何确定参数,建立模型,求解模型.

(3) 能够根据问题的实际意义检验结果,完善模型,解决问题;能够在关联的情境中,经历数学建模的过程,理解数学建模的意义.

(4) 能够运用数学语言,表述数学建模过程中的问题以及解决问题的过程和结果,形成研究报告,展示研究成果;在交流过程中,能够用模型的思想说明问题.

课题 1　多变量决策的线性规划模型(片段)

(一) 教学目标

从实际问题中抽象出数学问题,知道抽象出目标函数的几何意义.

(二) 教学设计

问题探究:奶制品的生产销售计划.

已知牛奶可以生产产品 A_1 或者 A_2,12 小时可以生产 3 千克 A_1 并获利 24 元/千克,接着用 2 小时花费 3 元加工 1 千克的 A_1 可以得到 0.8 千克 B_1,并获利 44 元/千克;8 小时可以生产 4 千克 A_2 并获利 16 元/千克,接着用 2 小时花费 3 元加工 1 千克的 A_2 可以得到 0.75 千克的 B_2,并获利 32 元/千克.

每天有 50 桶牛奶原料,工人每天共计工作时间 480 小时,至多加工 100 千克.

(1) 求如何制订生产计划使每天净利润最大?

(2) 30 元可以增加 1 桶牛奶,3 元可以增加 1 小时时间,是否应该投资?现在投资 150 元,可以赚回多少?

(3) B_1,B_2 的获利经常有 10%的波动,对计划有无影响?

决策变量:出售 x_1 千克 A_1,x_2 千克 A_2,x_3 千克 B_1,x_4 千克 B_2,x_5 千克 A_1 加工成 B_1,x_6 千克 A_2 加工成 B_2.

目标函数:利润 $\text{Max } z=24x_1+16x_2+44x_3+32x_4-3x_5-3x_6$.

约束条件:

原料供应:$\dfrac{x_1+x_5}{3}+\dfrac{x_2+x_6}{4}\leqslant 50$;

劳动时间:$4(x_1+x_5)+2(x_2+x_6)+2x_5+2x_6\leqslant 480$;

加工能力:$x_1+x_2\leqslant 100$;

附加约束:$x_3=0.8x_5$,$x_4=0.75x_6$;

非负约束:$x_1,x_2\cdots,x_6\geqslant 0$.

设计意图:本题属于线性规划知识点下的应用题,是学生日常接触较少的一类问题.除了需要从实际问题中抽象出数学问题外,还需要抽象出目标函数的几何意义.考虑到本题的变量(字母)更多,对数学抽象的要求较上一阶段的例 1 更高,同时本题模型求解的难度也更大,故而,该题属于对抽象素养有一定要求的中等问题.

课题 2 路障间距设计（片段）

（一）教学目标

培养学生将实际问题转化为抽象问题的能力.

（二）教学设计

课题引入：在校园、小区门口、机关大院的道路中间，常见设置有限制汽车速度的路障，看到路障，你会想到哪些能够用数学解决的问题？

问题探究：路障之间如果相距太远，起不到限制车速的作用，相距太近又会引起行车的不便，所以应该有一个合适的间距. 假设要求限制车速不超过 40 km/h，路障之间的距离应该是多少？

思考路径分析：可以设想，当汽车通过一个路障时，速度几乎为 0，过了路障司机就会加速，当车速到达 40 km/h 时，司机因为前面有下一个路障而减速，使其在到达路障处的速度又近乎为 0，如此循环，即可达到限速的目的.

按照这种思路分析，如果汽车在两个相邻路障之间一直在作匀加速运动和匀减速运动，那么只需根据数据确定加速度即可，再根据基本的物理知识就很容易算出两个相邻路障之间的距离.

数据：要想得到汽车的加速度，方法之一是查阅资料. 通常可以查到某品牌汽车在若干秒内（或多远距离内）可以从静止加速到多快，或者从某个速度减速到停止的时间，这样就可以推算出汽车的加速度. 当然这样的数值不适合在这里直接使用，可以仅作参考. 当然，还有一些资料会给出加速度的范围，如从 1 m/s^2 到 10 m/s^2，但也不方便直接使用.

比较推荐使用的方法是测试法，即请驾驶员驾驶普通型号车辆在与设计路障环境相似的道路上，模拟在有路障情况下作加速运动和减速运动，记录下行驶中车速对应的时间（需要副驾驶协助）.

设计意图：本题与上阶段例 2 相似，都是源自学生的实际生活，由于本题没有提供任何具体的数值，所以抽象素养的难度较高. 与例 2 相比，本题更为贴近生活情境，题目中直白表述的“数学味道”也更淡一些. 学生在对其进行数学抽象时，需要突破数据获取、场景还原、模型假设等多重难点，与本阶段课题 1 相比，要求更高，并与之形成阶梯配置.

课后作业：广场上的装饰喷泉将水喷向高空，在有风的日子，风将喷泉射出的水花吹向路人，喷泉射出的水流受到一个与风速计（用于测量风的速度和方向的装置）相连接的一个机械装置控制，风速计安装在广场边高楼的楼顶，这个控制器安装的目的是要保证行人在欣赏喷泉的同时避免淋水浸湿. 当风刮得越猛，水量和喷射高度就越低，从而减少落在水池范围之外的水花.

建立适当的数学模型：随着风力条件的变化，运用风速计给出的数据来调整射出的水流.

设计意图：本题是以课题 2 中的例题为原型进行设计的，考虑到课下学生没有教师帮助，需要独立完成该题，故而在贴近一般生活情境的同时，选择学生更为熟悉的二次函数模型进行设计，降低解题难度.

阶段二测试

1. 已知一座小城市的出租车车牌号码是从数字0101开始按照顺序发放的，某人随意记下驶过的10辆出租车牌号：0421，0128，0702，0529，0712，0598，0674，0410，0312，0867，根据这些号码估计这座城市出租车的总数.

2. 在不平的位置放置盛有啤酒的杯子，杯子不容易放稳，这是因为杯子重心太高了.直观地看，满杯和空杯的杯子重心大约都在杯子中间稍下一点的位置.我们在饮用啤酒的过程中，不难发现，杯子的重心呈现先下降后上升的情况.在这个过程中，重心必然存在一个最低点，如果在啤酒杯的重心大致处于最低点时停止喝酒，此时放下来的杯子是最不容易倒的.试建立一个数学模型，描述啤酒杯的重心随着啤酒液面上升而变化的规律，找出重心最低点的位置，并讨论最低点由哪些因素决定.

设计意图：上述两题都属于一般生活情境下的实际问题.第1题给出的数字较多，“数学味道”更浓一些，但其所涉及的问题对学生而言，相对较陌生，要选择适当的数学模型对其进行抽象，学生会存在一定的困难；第2题的情景背景与第1题相比，是学生更为熟悉、常见的问题，但题中没有给出任何数据做支撑，这对于习惯题目给出数据进而求解相关问题的学生而言，显得很不友好.与此同时，本题的生活情境也更易获得，这也为学生通过数学实验获取相关数据和解题思路提供了便利，扫除了数学抽象以外的非必要难点，属于中等题范畴.

【第三阶段】总课时1

第三阶段(水平三)的进阶要求如下.

(1) 能够在综合情境中，运用数学思维进行分析，发现情境中的数学关系，提出数学问题.

(2) 能够运用数学建模的一般方法和相关知识，创造性地建立数学模型，解决问题；能够理解数学建模的意义和作用.

(3) 能够运用数学语言，清晰、准确地表达数学建模的过程和结果.

(4) 在交流过程中，能够运用数学建模的结论和思想阐释科学规律和社会现象.

(一) 教学目标

(1) 锻炼学生的逻辑思维、发散性思维和开放性思维.

(2) 培养学生将实际问题抽象为数学问题的能力.

(3) 能创造性地建立数学模型，解决问题.

(二) 教学设计

例1　3个商人和3个随从乘船过河，只有一艘小船可以用以过河，这艘小船最多只能容纳两个人，小船由商人或随从划行前进，随从们秘密约定：只要在河的一岸随从们的人数比商人的人数多，仆人就会联合起来将商人杀死并抢夺其财物，但是如何分配人员上船过河的权力掌握在商人们的手中，所以商人应当如何安排渡河人员才能够安全渡河？

1. 背景

“三人三鬼过河”是大部分同学玩过的益智类小游戏，经过逻辑推理，同学们是可以找出解决方法的，但在处理这个问题时，大多数同学往往喜欢逐一尝试来达到目的. 下面我们对这个问题进行数学建模，以达到第一次就成功渡河的目标.

2. 分析

安全过河问题可以视作一个多步骤的决策过程. 其中的每一步，即船由此岸驶向对岸或从对岸驶向此岸，都要对船上的人员（商人或随从）作出决策. 需满足：

(1) 确保安全（两岸的随从数都不比商人多）；

(2) 有限的行船步骤.

在上述两个要求下，使人员全部安全过河.

我们可以考虑使用状态变量来表示在某岸的人员状况，使用决策变量表示船上的人员状况，尝试找出状态变量随着决策变量变化的规律，以达到安全渡河的目的.

3. 模型假设

(1) 假设船每一次都可以安全到达对岸，翻船等意外事故不在考虑范围内；

(2) 随从们想要抢夺的财物，在船上不会影响船上载人的数量（不占体积）.

说明：本题（这个虚拟问题）在上述假设下已经理想化了，其实不作模型假设也是可以的，但考虑到为了方便读者建立数学建模的过程框架，此处还是列举了两点.

4. 模型建立

记第 k 次渡河前此岸的商人数为 x_k，随从数为 y_k，$k=1,2,3,\cdots$，x_k，$y_k=0,1,2,3$，将二维数组 $s_k=(x_k,y_k)$ 定义为状态，安全渡河条件下的状态集合称为允许状态集合，记作 S.

$S=\{(x,y)\mid x=0,y=0,1,2,3;x=3,y=0;x=y=1,2\}$.

不难验证，S 对此岸和彼岸都是安全的.

记第 k 次渡船上的商人数为 u_k，随从数为 v_k，将二维数组 $d_k=(u_k,v_k)$ 定义为决策，允许决策集合记作 D，由小船容量可知 $D=\{(u,v)\mid 1\leqslant u+v\leqslant 2,u,v=0,1,2\}$.

因为 k 为奇数时，小船由此岸驶向彼岸；k 为偶数时，小船由彼岸驶向此岸，所以状态 s_k 随决策 d_k 的变化规律是 $s_{k+1}=s_k+(-1)^k d_k$.

将该式称为状态转移律. 这样，制定安全渡河方案就可以归结为如下的多步骤决策模型：

求决策 $d_k\in D(k=1,2,3,\cdots,n)$，使状态 $s_k\in S$，按照状态转移律，由初始状态 $s_1=(3,3)$ 经过有限步 n 到达状态 $s_{n+1}=(0,0)$.

5. 模型求解

方法一：我们可以使用计算机编程，求解上述的多步骤决策问题.

方法二：在商人数与随从数都不太大的情况下，可以使用图解法解决这个问题.

在平面直角坐标系 xOy 上画出如图 5-11 所示的方格，方格点表示状态 $s=(x,y)$，允许状态集合 S 是用圆

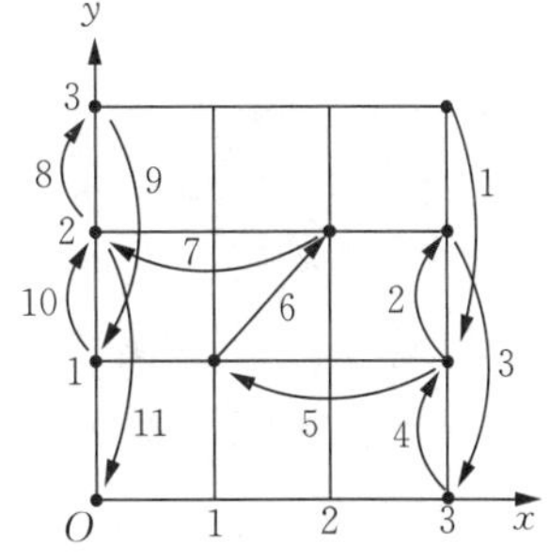

图 5-11 渡河方案图解法

点标出的 10 个格子点. 允许决策 d_k 是沿着方格线移动 1 或 2 格. k 为奇数时，向左、下方移动；k 为偶数时，向右、上方移动，得到一系列的 d_k，确定 $s_1=(3,3)$ 经过哪些圆点最终移动至原点(0,0).

图 5－11 详细列举了一种移动方案，读者可以很容易将其翻译成渡河方案.

说明：这里介绍的是一种规格化的方法，所建立的多步骤决策模型可以用计算机求解，从而具有推广意义. 譬如当商人和随从人数增加或小船容量增加时，仅靠逻辑思考就比较困难了，而用这种模型则仍然可以轻松地解决.

设计意图：本题是多条件限制下的多步决策模型，属于复杂情境背景下的一类问题，学生在处理该问题时，往往会觉得无从下手，题目条件中几乎没有“数学味道”，学生在抽象、转化该问题时会遇到很大的困难. 将该问题抽象为数学模型，首先要用到集合论的相关知识，学生对这块知识内容的使用意识比较淡薄，对集合内约束条件的书写要求也较高，并且在后期模型的求解过程中，还需要用到图论的相关知识，这些对学生来说难度都很大.

课后作业：在上文例题中，若将商人和随从的人数都调整为 4 人，你能建立适当的数学模型解决这个问题吗？

设计意图：学生在课堂上已经完成了例 1，在此基础上，设计了这道匹配例 1 的课后习题，本题并没有进一步加大对数学抽象素养水平的要求，仅增加商人和随从各 1 人，但在约束条件的书写和模型解决时，学生将面临更为复杂情况下的数学推导.

阶段三测试

随着经济的发展和生活条件的改善，越来越多的人选择在闲暇时间外出旅游. 那么此时我们就有两个选择，跟团游亦或是自助游，两者各有利弊，当然，许多年轻人更倾向于后者. 那么在自助游过程中，当游览目的地和航班情况确定的条件下，我们该如何选择合适路程，以达到时间和金钱的平衡？

某人从上海出发，计划前往香港、东京、马尔代夫旅游，现有航空公司提供的航空路线图和价目表，此人该如何安排自己的行程以降低自己的出行成本？航空路线图整理如图所示，通过逻辑判断，我们不难发现，想要降低成本(时间和金钱)，关键在于减少到达同一个城市的次数，即最理想的状况是每个城市只去一次，但受航空公司的航班安排所限，有时我们不得不多次到达同一个城市，因此，我们必须在符合实际的情况下，找出有多少种可供选择的出行路径安排，从中挑选最合适的路线.

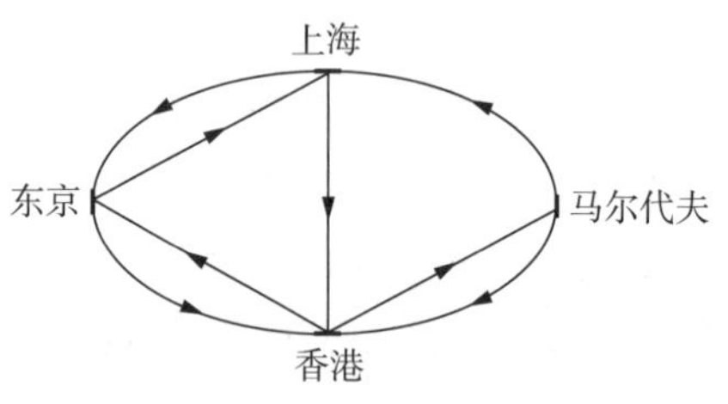

设计意图：本题也属于多限制条件下的多步决策问题，与前述问题同属一类. 在数学抽象素养水平考察方面，要求比例题和练习题略低，但对中学生来说，它仍属于较为复杂的实际情境. 对这类问题的处理，仍需要创新性地使用或建立相关数学模型，其总体难度与水平三要求相当.

(本案例由上海市晋元中学郑轶老师提供)

第六章

“主题螺旋进阶”的教学策略与素养达成

第一节　专题教学——在宏观架构中为素养建脉

具备网络化的知识体系是数学素养提升的基础. 在主题教学过程中，开展专题教学，学生在教师的启发下对零散的知识进行系统化的梳理，有利于帮助学生构建知识之间的内在联系，深刻领会知识的内涵，形成学科知识体系. 同时，当学生领悟专题化的学习方法后，将养成专题化地整理、系统化地认知、针对性地处理和解决问题的学习习惯，长此以往，将促进理性思维的养成.

为帮助学生完成学习进阶，根据专题内容和作用，主题教学活动可分为“微专题”“大专题”和“专题组”3 种形式.

一、用“微专题”夯实基础概念

微专题，往往针对主题下某一个具体的知识点，主要用于帮助不能顺利完成进阶的学生，使他们明晰知识要点，理解某一个具体的知识概念. 可以采用下述 3 种方法.

(1) “学生预习＋师生交流”：在课前，教师将事先准备好的内容发给学生，课上以师生交流的方式进行.

(2) “学生提问＋教师回答”：学生针对某一具体内容提出问题，教师筛选汇总后在课上集中进行讲解.

(3) “教师录像＋学生自学”：由教师录制微专题视频，学生根据自己对该知识点的掌握情况进行课后学习.

【案例 6－1】 在学习“直线与圆的位置关系”这个知识点时，教师可以围绕以下一组问题开展微专题教学学习.

[问题 1] 直线 $x+y-a=0$ 与曲线 $y=\sqrt{1-x^2}$ 有两个不同交点，求 a 的取值范围.

[问题 2] 曲线 $x^2+y^2-6x=0(y>0)$ 与直线 $y=k(x+2)$ 有公共点，求实数 k 的取值范围.

[问题 3] 已知圆方程 $x^2+(y-2)^2=1$，$P(x,y)$ 为圆上一点，分别求 $\frac{y}{x}$，$x-2y$ 的取值范围.

案例 6－1 中，问题 1 来自课本配套练习册，考察知识点是“圆的方程”“直线的方程”“点到直线的距离”，在思考过程中，除了需要一定的数学抽象素养外，还需要融入“直观想象”核心素养，以此提升数形结合的能力. 问题 2 是在问题 1 的基础上改变图形形状，并且改变设问方式，但解题方法类似，这样可以使学生进一步感悟此知识点应用的本质. 问题 3 与前二者在知识点与方法的考查上基本一致，但对“数学抽象”核心素养却有了更进一步的要求，并且第二小问还考查“圆的参数方程”这一知识点.

这 3 个问题的设置，可以让学生体验同一知识点在不同角度的变化，符合学生的思维特点，有利于学生更深刻地理解和掌握此类问题的求解方法，锻炼学生的应变能力，渗透核心素养和核心能力，引导学生在螺旋进阶中更快地“吸收”和“内化”.

二、用“大专题”促成理解深入

大专题，顾名思义，是由多个内容上有联系的知识点组成，明晰知识要点间的联系，在多个知识概念的基础上形成知识框架，从而形成一个大概念.

大专题较微专题而言，内容增加，需要更多的思辨和讨论，所以一般采用集中的课堂教学形式，时间可以在高一、高二各章节教学结束后或者高三复习时进行. 如高三一轮复习时，如果学生对数学符号的理解不到位或者根本不理解导致审题出现偏差时，就可以在复习过程中专门开设一节“数学符号的理解与对应”的专题教学课，帮助学生理解数学符号概念的内涵，从而正确理解题意.

【案例 6-2】 课题：数学符号的理解与对应（教案节选）

[问题 1] 说说你学过的数学符号有哪些？（可以请同学举例）

① 元素符号：阿拉伯数字，表示数（图形或集合）的字母，表示图形的符号，表示常数的字母 π，e 等.

② 运算符号：代数四则运算符号、乘方、开方、集合运算等.

③ 关系符号：元素与集合的关系，集合与集合的关系，大小关系，三角形相似或全等关系等.

④ 性质符号：“+”“−”“Rt△”等.

⑤ 结合符号：各种括号.

⑥ 约定符号：C_n^m，P_n^m，$n!$，$f^{-1}(x-1)$，三角函数、反三角函数符号等.

设计意图：归纳所学数学符号，对数学符号与其对应的回顾、再认识.

[问题 2] 说出下列 3 个集合的区别：$A=\{x\mid y=x^2+1\}$，$B=\{y\mid y=x^2+1\}$，$C=\{(x,y)\mid y=x^2+1\}$.

[问题 3] $f(x)$是定义在 $\mathbf{R}$ 上的周期函数，最小正周期为 T，当 $x\in[0,T]$时，$f(x)$有反函数 $y=f^{-1}(x)$，那么当 $x\in[T,2T]$时，$f(x)$的反函数为________.

[问题 4] 已知 $f(x)$是定义在 $\mathbf{R}$ 上的不恒为零的函数，且对任意的 $a,b\in\mathbf{R}$，$f(ab)=af(b)+bf(a)$恒成立.

(1) 求 $f(0)$，$f(1)$的值；

(2) 判断 $f(x)$的奇偶性，并给出证明；

(3) 若 $f(2)=2$，$u_n=\dfrac{f(2^{-n})}{n}(n\in\mathbf{N})$，求数列$\{u_n\}$的前 n 项和 S_n.

设计意图：在求解具体问题的过程中，正确认识和理解在复杂背景下的符号与其对应.

[问题 5] 设定义域为 $\mathbf{R}$ 的函数 $f(x)=\begin{cases}\left|\lg|x-1|\right|, & x\neq 1,\\ 0, & x=1,\end{cases}$ 方程 $f^2(x)+bf(x)+c=0$ 有 7 个不同实数解的充要条件是（　　）.

A. $b<0$ 且 $c>0$　　B. $b<0$ 且 $c<0$　　C. $b<0$ 且 $c=0$　　D. $b\geq 0$ 且 $c=0$

[问题 6] 记函数列 $f_1(x)=|x|, f_{n+1}(x)=|f_n(x)-1|, n\in\mathbf{N}^*$.

(1) 在直角坐标系中作出 $f_3(x)$ 和 $f_4(x)$ 的图象;

(2) 写出方程 $f_n(x)=0$ 的解集.

设计意图: 会运用符号正确表达数学问题的结果.

三、用"专题组"构建知识框架

专题组是由多个内容上有联系的大专题组成，通过厘清专题概念间的联系，构建起知识框架体系. 对主题相关教学内容之间关系的理解，有时仅通过微专题或一个大专题的学习无法达成，这就需要将与主题相关的多个专题集中在一起，进一步形成对主题内容的认识理解，以完成向高一阶学习的过渡，可以在高一或高二年级进行阶段性总复习时展开，或在高三开展二轮复习时进行.

如开展与圆锥曲线有关内容的主题教学时，可以开设"直线与圆锥曲线的位置关系""直线与圆锥曲线的定值问题""直线与抛物线的相交问题"等构成的专题组教学，以帮助学生构建"对圆锥曲线开展研究"的视角和体系.

案例 6-3～6-5 是专题组设计的 3 个"直线与圆锥曲线相交"的探究专题. 先从简单的判断交点个数问题入手，再到研究直线与圆锥曲线相交产生的定点、定值问题，最后对直线与抛物线相交的定点、定值作逆向的研究. 在内容安排上由浅入深，螺旋进阶，涵养抽象思维.

【案例 6-3】 "直线与圆锥曲线的相交问题"教学设计

[问题 1] 已知直线 $l: y=kx-4$ 与抛物线 $y^2=8x$.

(1) 当 k 为何值时, l 与 C 有一个公共点? 有两个不同交点?

(2) 直线 l 与抛物线交于 A,B 两个不同的点, 若 $|AB|=10$, 求 k 的值.

[问题 2] 已知直线 $l: y=kx-1$ 与双曲线 $C: x^2-y^2=1$.

(1) 当 k 为何值时, l 与 C 的右支有一个交点? 有两个不同交点?

(2) 若直线 l 与 C 交于 A,B 两个不同的点, O 是坐标原点, 且 $\triangle ABO$ 的面积为 $\sqrt{2}$, 求 k 的值.

[问题 3] 曲线 $C: \dfrac{x^2}{4}+\dfrac{y^2}{b^2}=1(b>0)$ 与直线 $l: kx-y+k+2=0$ 恒有公共点, 则 b 的取值范围是____________.

案例 6-3 中，问题 1 呈现的是常见直线与抛物线相交求交点个数与弦长的问题，第(1)小问帮助学生回顾运用方程组解的个数来判断直线与抛物线交点的个数的方法，这一方法是判断直线与圆锥曲线交点个数的常用方法；第(2)小问涉及直线与抛物线相交求弦长问题，需要考虑直线是否过抛物线的焦点. 若直线不过抛物线的交点，则弦长公式为 $|AB|=\sqrt{1+k^2}|x_1-x_2|=\sqrt{1+\dfrac{1}{k^2}}|y_1-y_2|$；若直线过抛物线的焦点，则弦长公式为 $|AB|=x_1+x_2+p$，对公式的选择与运用有助于学生深入理解抛物线的定义. 问题 2 是在问题 1 的基础上，将"直线与抛物线相交"变成"直线与双曲线的右半支相交"，"求弦长问题"变为"已知三角形面积求斜率". 在求解时既要知道右半支相交在方程组中对应求正解的个数，

也要注意将原有的简单求弦长逆向为求直线斜率. 较问题 1 而言，问题 2 的思维层次要求更高一级. 问题 3 的设计目的，除了让学生体会代数方法外，还可以体会借助直线过定点的几何特征判断直线与圆锥曲线交点个数，即运用数形结合的方法，这在思维要求上又较前两问上升了一个台阶.

【案例 6-4】 “有关直线与圆锥曲线的定值问题”教学设计

[问题 1] 已知椭圆 C：$\frac{x^2}{8}+\frac{y^2}{2}=1$，过椭圆 C 上一点 $P(2,1)$ 作两条直线 PA，PB，分别交椭圆 C 于 A，B 两点，根据下列条件求直线 AB 的斜率.

(1) 直线 PA，PB 的倾斜角分别为 45°和 135°；

(2) 直线 PA，PB 的倾斜角分别为 60°和 120°.

师：观察上述两个计算结果，可以得出什么结论？判断其真假？

结论：已知椭圆 C：$\frac{x^2}{8}+\frac{y^2}{2}=1$，过椭圆 C 上一点 $P(2,1)$ 作倾斜角互补的两条直线 PA，PB，分别交椭圆 C 于 A，B 两点，则直线 AB 的斜率为定值.

[问题 2] 除了针对直线倾斜角作特殊到一般的推广外，我们还可以从数字到字母，针对曲线作哪些推广呢？

推广 1 已知椭圆 $\frac{x^2}{a^2}+\frac{y^2}{b^2}=1(a>b>0)$，过椭圆 C 上一点 $P(m,n)$ 作倾斜角互补的两条直线 PA，PB，分别交椭圆于 A，B 两点，则直线 AB 的斜率为定值.

推广 2 已知双曲线 $\frac{x^2}{a^2}-\frac{y^2}{b^2}=1(a>0,b>0)$，过双曲线 C 上一点 $P(m,n)$ 作倾斜角互补的两条直线 PA，PB，分别交双曲线 C 于 A，B 两点，则直线 AB 的斜率为定值.

推广 3 过抛物线 $y^2=2px(p>0)$ 上一定点 $P(m,n)$ 作倾斜角互补的两条直线 PA，PB，分别交抛物线于 A，B 两点，则直线 AB 的斜率是定值.

师：以上各推广结论是否正确？请说明理由.

案例 6-4 是在案例 6-3 的基础上进一步开展对有关直线与圆锥曲线中定值问题的研究，引导学生通过对直线与椭圆中的特殊问题入手，探究得出一般的结论，再从直线与椭圆的研究进一步推广到直线与双曲线或抛物线的关系的研究，即从“有心曲线”拓展到“无心曲线”. 整个设计让学生经历从特殊到一般，从具体到抽象的研究问题的过程，培养分析和解决问题的能力，发展逻辑推理的素养，为案例 6-5 的探究做好铺垫.

【案例 6-5】 “直线与抛物线的相交问题”教学设计

引例：在平面直角坐标系 xOy 中，设直线 l 与抛物线 $y^2=2x$ 相交于 A，B 两点.

(1) 若 l：$y=x-3$，求 $\overrightarrow{OA}\cdot\overrightarrow{OB}$；(2) 若 l：$y=2(x-3)$，求 $\overrightarrow{OA}\cdot\overrightarrow{OB}$.

师：从这两组问题的解答中，你能概括出一个怎样的命题？围绕这个命题，我们还可以进一步作怎样的探究？它们是真命题还是假命题？

[探究 1] 在平面直角坐标系 xOy 中，设直线 l 与抛物线 $y^2=2px(p>0)$ 相交于 A，B 两点，若直线 l 过定点 $T(t,0)$，求 $\overrightarrow{OA}\cdot\overrightarrow{OB}$ 的值.

结论：当点的横坐标在 x 轴正向或负向且直线斜率满足 $k^2\leqslant-\frac{1}{2t}$ 时，$\overrightarrow{OA}\cdot\overrightarrow{OB}=t^2-$

$2pt$，即数量积只与点的横坐标及抛物线焦参数有关，而与直线的斜率无关.

设计意图：从具体事例出发，引导学生对具体实例作从特殊到一般的探究，培养发现和提出问题的能力，发展数学抽象的素养.

师：除了对直线的斜率、直线过定点作一般的纵向考虑，将特殊情况进行推广，获得一般结论之外，同学们在平时学习中，有时会遇到这样一类问题，即正面解决问题比较困难，那么我们可以从其反面来考虑. 围绕这个问题，我们的研究还可以作逆向思考，可以提出一个怎样的问题呢？

[探究 2] 在平面直角坐标系 xOy 中，设直线 l 与抛物线 $y^2=2x$ 相交于 A，B 两点，若 $\overrightarrow{OA}\cdot\overrightarrow{OB}=3$，则直线 l 过定点 $T(3,0)$ 吗？

结论：在平面直角坐标系 xOy 中，设直线 l 与抛物线 $y^2=2x$ 相交于 A，B 两点，若 $\overrightarrow{OA}\cdot\overrightarrow{OB}=3$，则当直线 l 与抛物线的交点 A，B 位于 x 轴两侧时，所有直线 l 过定点 $(3,0)$；当直线 l 与抛物线的交点 A，B 位于 x 轴同侧，且直线斜率满足 $k^2\leqslant-\frac{1}{2t}$ 时，直线 l 过定点 $(-1,0)$.

设计意图：引导学生从逆向的角度对问题开展探究，培养逆向思维和提出问题的能力.

师：既然上述结论不一定成立，那么我们可以进一步的探究什么呢？

[探究 3] 在平面直角坐标系 xOy 中，设直线 l 与抛物线 $y^2=2px(p>0)$ 相交于 A，B 两点，若 $\overrightarrow{OA}\cdot\overrightarrow{OB}=m$（$m$ 为正常数），则直线 l 与 x 轴的交点坐标是什么？是定点吗？

结论：在平面直角坐标系 xOy 中，设直线 l 与抛物线 $y^2=2px(p>0)$ 相交于 A，B 两点，若 $\overrightarrow{OA}\cdot\overrightarrow{OB}=m$（$m$ 为正常数），则当直线 l 与抛物线的交点 A，B 位于 x 轴两侧时，所有直线 l 过定点 $(p+\sqrt{p^2+m},0)$，当直线 l 与抛物线的交点 A，B 位于 x 轴同侧，且直线斜率满足 $k^2\leqslant-\frac{p}{2t}$ 时，直线 l 过定点 $(p-\sqrt{p^2+m},0)$.

设计意图：进一步归纳逆向问题探究的方法，再次经历从特殊到一般，从具体到抽象的研究问题的全过程，提升学生数学抽象和逻辑推理的素养.

案例 6－5 中，从直线与抛物线相交的两个特殊问题入手，得出"当直线 l 过定点 $(3,0)$ 时，$\overrightarrow{OA}\cdot\overrightarrow{OB}=3$"的结论. 基于学生在案例 6－4 中学习的已有经验：对问题的探究以从特殊到一般，从数字到字母，从具体到抽象等方式，直接将这个问题推广为"当直线的斜率及抛物线均为一般情况"的探究 1，接下来通过教师引导，对前两个专题的探究做进一步延伸，从逆向角度开展，得到探究 2 的结论，这种方法较之前的探究，又上升了一个台阶. 从探究 2 推广到探究 3，让学生再次经历从具体到抽象，从特殊到一般的探究过程，学生通过探究 1 到探究 3，经历反复多次的学习迁移过程，达成在能力上螺旋进阶的目的.

第二节 以史为鉴——在内涵深化中为素养探源

概念与命题教学是高中数学教学的重要组成之一，引入数学史料可以帮助学生理解数学概念与命题的形成与探究过程，这一过程的本质就是帮助学生形成元认知，建立宏观图谱，提取抽象信息，从而建构知识，形成抽象认知，最终达到培养抽象素养的目的.

一、运用数学史料还原思维过程

（一）用数学史料引导关注元认知

在心理学文献中，“元认知”是指人们对自己作为一个信息加工者的认识，包括“为了学习和记忆信息我们需要做些什么”的认识. 在教育学层面，元认知是指学生学习新知识时如何与已知知识建立联系或产生冲突的过程，这也是激发学生学习兴趣的过程.

比如，开展指数函数性质的教学时，仅通过抽象的数学表达式，很难让学生体会到指数函数爆炸式增长的特点，教师可以从历史上数学家们曾研究过的问题中，挖掘一些始于元认知的例子. 如 1748 年，数学家欧拉(L. Euler，1707—1783)在其著作《无穷分析引论》中引入人口指数增长的实例：

假设大洪水的幸存者有 6 人，若以每年$\frac{1}{16}$的速度繁衍，那么 200 年后，6 个幸存者将有 10^6 个后代；400 年后，将有 10^{11} 个后代，这将超过地球所能承受的数量.

教师可以将此例适当改编，即通过改变思维环境，创设学习情境，有意识地进行分类、选择，将所学内容与已有知识建立关联，帮助学生把注意力集中在元认知的构成要素和解决问题上，以此作为问题情境，激发学生探究指数函数性质的兴趣.

假设大洪水的幸存者有 6 人，若以每年$\frac{1}{16}$的速度繁衍，那么 400 年后，地球上将有多少幸存者的后代？这个数量是否会超过地球 100 亿人口的容纳量呢？

（二）用历史事件建立宏观图谱

美国数学史家卡约黎(F. Cajori，1859—1930)曾说：“一门学科的历史知识是使面包和黄油更加可口的蜂蜜.”因此，教师可以恰当选取数学史上数学家“做数学”的故事，将课程内容统整与贯穿其中，在首尾衔接的宏观框架下进行建构，学生在学习过程中不断重返和解释这一架构，建立起宏观图谱的概念，为数学学习提供一个可供对照的宏观图像，从而理解数学概念的形成过程. 特别值得一提的是，课后的问卷调查结果显示，所有学生都表示愿意了解和学习更多的数学史，给出的理由中就有“不要总钻书里的概念，也要从宏观上纵览概念发展过程”等学生自创的金句，这正彰显了数学史对思维养成的作用.

比如，在进行“等差数列前 n 项求和公式”的教学时，可以用历史故事引出即将探究的问题.

【案例 6-6】 “等差数列前 n 项求和公式”教学设计

引例:童年的高斯(C. F. Gauss, 1777—1855)曾经解过这样一个问题:

$1+2+3+\cdots+100=$? 其求解思路是由 $1+100=2+99=\cdots=50+51=101$,所以 $1+2+3+\cdots+100=50\times101=5050$. 沿用这种思路,你能求出 $1+2+3+\cdots+198+199$ 的结果吗?

[探究 1] 那么 $1+2+3+\cdots+n$ 又如何求呢?

设计意图:变具体数值为抽象字母后,为了计算出结果,学生需要对 n 分奇偶进行讨论,但结果相同,均为 $\frac{n(n+1)}{2}$,这将会引起新的认知冲突.

[探究 2] 既然结论与 n 的奇偶无关,那么是否有更简单的求和方法呢?

追问:用什么办法可以得到上述结论中的 $n+1$ 呢?

$\because S_n=1+2+3+\cdots+(n-1)+n, S_n=n+(n-1)+\cdots+3+2+1$,

$\therefore 2S_n=\underbrace{(1+n)+(1+n)+\cdots+(1+n)}_{n\text{个}}$,得 $S_n=\frac{n(n+1)}{2}$.

这种求和方法称为“倒序相加法”.

设计意图:引导学生从结论出发,找出回避分类讨论的思维源泉,从而引出“倒序相加”求和法.

[探究 3] 已知等差数列 $\{a_n\}$,则其前 n 项和 $S_n=a_1+a_2+\cdots+a_n$ 如何求?

用倒序相加法.

$S_n=a_1+a_2+a_3+\cdots+a_{n-1}+a_n$,①

$S_n=a_n+a_{n-1}+a_{n-2}+\cdots+a_2+a_1$,② (由等差数列的性质得)

①+②得 $2S_n=(a_1+a_n)+(a_2+a_{n-1})+(a_3+a_{n-2})+\cdots+(a_n+a_1)$,

$\because a_1+a_n=a_2+a_{n-1}=a_3+a_{n-2}=\cdots=a_{n-1}+a_2=a_n+a_1$,

$\therefore 2S_n=n(a_1+a_n)$,由此得 $S_n=\frac{n(a_1+a_n)}{2}$.

设计意图:引导学生对问题进行自我思考、自我制订计划,将其推广为一般等差数列,最终得到等差数列前 n 项和公式.

(三)沿历史主线提取抽象信息

数学概念是数学学习的认知基础,到了高中阶段,数学概念愈发抽象,学生也愈发觉得数学抽象,难以理解. 由于课时有限,在概念教学时,教师采用的方法往往是:先对概念做简单的介绍和必要的说明,然后将大量时间用于概念的应用,希望学生在应用概念的过程中加深对概念的理解. 然而,这种教学方法往往会导致学生对概念的理解仅仅是一知半解. 如果教师能够提供一条思维主线,让学生在这条主线下完成“开放性比较和对比”的任务,提高表达的准确性,同时给予适时适度的引导,则更能帮助学生提取到抽象信息.

以上论断具有坚实的理论支撑. 早在 19 世纪,法国著名数学家庞加莱(H. Poincaré, 1854—1912)受到德国生物学家黑克尔(E. Haeckel, 1834—1919)提出的“个体发育史重现种族发展史”这一生物发生律的影响,曾说:“教育工作者的任务就是让儿童的思维经历其祖先之所经历,迅速通过某些阶段而不跳过任何阶段. 鉴于此,科学史应该是我们的指南.”

纵观数学发展的历史,许多数学概念从最初的描述性定义,演变为最终比较完善的形式化定义,其间经历了漫长的发展过程. 这种发展反映了人们对抽象概念的认识经历从不完善到完善的过程,教师如果能在课堂上运用历史素材,引导学生在长时段中经历概念的发生与发展过程,势必会让学生更容易理解数学概念,提升数学抽象素养.

下面以周期函数的概念为例说明具体做法.

【案例 6-7】 “周期函数的概念”教学设计

选用数学史料梳理近代数学史,特别是数学教科书中周期函数定义的演变历程,见表 6-1,再结合国内现行高中教科书,发现有 3 个重要的节点:周期现象的定义、周期函数不完善的形式化定义、周期函数较完善的形式化定义.

表 6-1 周期函数定义的演变

周期函数的发展阶段	教科书编者	出版年份
周期现象的定义	波尼卡斯特(Bonnycastle)	1806
周期函数不完善的形式化定义	穆雷(Murray)	1899
周期函数较完善的形式化定义	怀利(Wylie)	1955
	夏普(Sharp)	1958

对周期函数定义探求的过程分为两个阶段. 第一阶段是通过观察自然界中的周期现象与课前作业中的图像的共同特点,使学生从特殊现象与函数图像中感悟函数周期特征.

课堂教学片段 1:

师:结合生活中的周期现象,你能给周期函数下一个定义吗?

生:后一段函数图像与前一段函数图像一模一样的函数称为周期函数.

师:图中的函数,显然满足这一定义,但它是你想要表达的周期函数吗?(展示图 6-1)

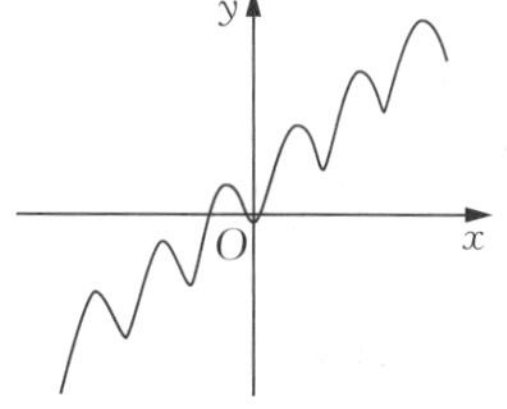

图 6-1 反例图像

周期函数定义:满足 $f(x+T)=f(x)$ 的函数 $f(x)$ 称为周期函数,$T(T\neq 0)$是周期.

设计意图:通过一个典型的反例图像(图 6-1),让学生感知用自然语言定义周期函数的不足,促使学生重新思考,并尝试运用符号语言来刻画周期函数,引领学生自然地步入周期函数的形式化定义阶段.

在第二阶段的教学中,教师引导学生沿着周期函数发展史的路径,通过环环相扣的问题设置,经历从描述性定义到运用符号语言表示并完善周期函数形式化定义的过程.

课堂教学片段 2:

师:1899 年,美国数学家穆雷首次给出了和这位同学类似的周期函数定义,你认为这一定义还有不完善之处吗?

若函数 $f(x)$ 具有性质 $f(x)=f(x+k)$，其中 x 可取任意值，k 为常数，则称 $f(x)$ 为周期函数，而满足该等式的最小的数 k 称为该函数的周期.（穆雷，1899）

生：周期不能为零. 如果周期为零，那么定义中的加零等同于没加，则任意函数都将是周期函数.

师：美国数学家怀利于 1955 年首次在周期函数定义中明确了常数不为零的条件，这一发现历时长达 50 余年.

若存在一个非零数 p，使得对于 x 的所有值，函数 $f(x)$ 均满足 $f(x)=f(x+p)$，则称 $f(x)$ 为周期函数. 若 p 是满足上述等式的最小的值，则称 p 为 $f(x)$ 的周期.（怀利，1955）

师：那么，怀利提出的周期定义还有需要改进之处吗？

生 1：若 $f(x)$ 是常值函数，则按照周期函数的定义，常值函数就是周期函数，但它的周期可以趋近无穷小，取不到最小的 p 值.

生 2：若 p 是周期函数的周期，则 $2p$，$3p$，…都是它的周期.

生 3：当 x 在函数定义域内时，$x+p$ 也不能超出函数的定义域.

师：同学们的智慧真是无穷无尽啊！数学家夏普将大家的这些思考融入在他给出的周期函数定义中，同学们对此还有什么改进建议吗？

设函数 $f(x)$ 的定义域为 D，k 为非零实数，当 x 在 D 中时，$x\pm k$ 也在 D 中. 若对于 D 中 x 的每一个值，均有 $f(x)=f(x+k)$，则称 $f(x)$ 为周期函数，数 k 称为 $f(x)$ 的一个周期.（夏普，1958）

生：不需要说明 $x-k$ 在定义域内，因为周期 k 为非零实数，它可正可负，所以只要说明 $x+k$ 在定义域内就可以.

师：很好，这样便是现今教科书中的周期函数定义.

一般地，对于 $y=f(x)$，如果存在一个非零常数 T，使得当 x 取定义域 D 内的任意值时，有 $x+T\in D$ 且 $f(x+T)=f(x)$ 成立，那么函数 $y=f(x)$ 就叫作周期函数，不为零的常数 T 叫做这个函数的周期.

对于一个周期函数 $y=f(x)$，如果在它所有周期中存在一个最小正数，那么，这个最小正数就叫作函数 $y=f(x)$ 的最小正周期.

师：经历了一系列的探索后，我们终于得到了比较完善的周期函数定义，但通过对历史的辨析，我们知道，这一定义未来还有可能被修正，这也启示我们要学会辩证地看待问题.

设计意图：以周期函数定义发展的历史脉络为课堂主线，将历史上 3 个关键的定义以重构的方式融入教学之中，让学生在辨析历史上错误定义的过程中，认识并解决周期函数概念中周期 T 的非零性、最小正周期的存在性等问题，最终获得较完善的周期函数定义.

将数学史深度融入概念课的教学中，让学生在辨析历史的过程中跨越历史，在经历概念形成过程中提升抽象素养. 从数学学科德育的视角来看，数学历史与数学探究的结合，能很好地培养学生的质疑精神和理性精神.

二、借力数学史料，促进互动建构

现今数学教育中存在一个普遍的问题：过于强调数学化的结果，而忽视数学化的建构过程，容易造成学生只记住抽象的定义、公式、定理. 因此，在教学过程中，我们应该有选择性地借力合适的数学史料，帮助学生深刻理解数学化的过程. 比如在开展旋转体体积的教学时，教师可以从高考题的评析入手，要求学生思考问题背后的原理.

【案例 6-8】 “旋转体体积”教学设计

(2013 年上海高考,13) 如图所示，在 xOy 平面上，将两个半圆弧 $(x-1)^2+y^2=1(x\geqslant 1)$ 和 $(x-3)^2+y^2=1(x\geqslant 3)$、两条直线 $y=1$ 和 $y=-1$ 围成的封闭图形记为 D，即图中阴影部分. 记 D 绕 y 轴旋转一周而成的几何体为 Ω，过 $(0,y)(|y|\leqslant 1)$ 作 Ω 的水平截面，所得截面面积为 $4\pi\sqrt{1-y^2}+8\pi$，试利用祖暅原理、一个平放的圆柱和一个长方体，得出 Ω 的体积值为________.

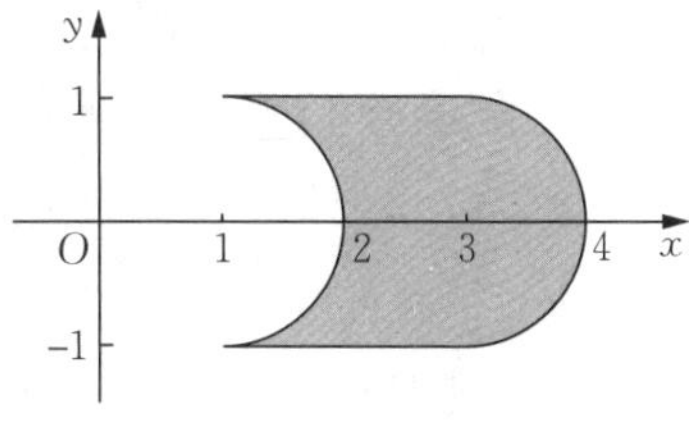

教师在评析该题的过程中，可以穿插介绍我国魏晋时期著名数学家刘徽(约 225—295)钻研球体积公式的素材. 先向同学介绍刘徽构造的几何体“牟合方盖”：取 8 枚边长为 1 寸的小正方体棋子，拼成一个边长为 2 寸的大正方体，在正方体内横向作一个内切圆柱体，再纵向作一个内切圆柱体，这样两个圆柱体的共同部分所构成的几何体像上下对称的两把伞(古人称伞为“盖”，“牟”同“侔”，意即相合)，如图 6-2 所示.

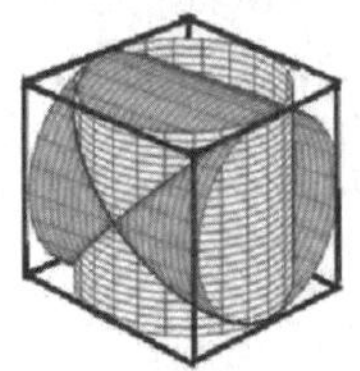
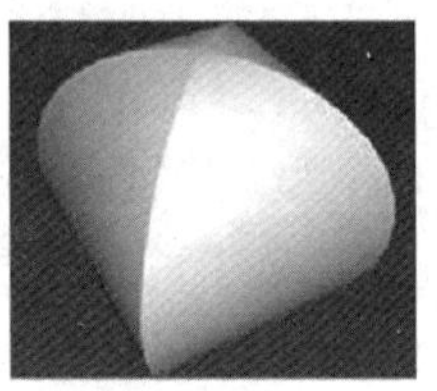

图 6-2 牟合方盖

然后他指出：如果在牟合方盖里放置一个内切球，用任意一个与正方体底面平行的平面去截牟合方盖和里面的内切球，所得的截面分别为正方形和内切于正方形的圆，由于该正方形与其内切圆的面积之比为 $4:\pi$，所以 $V_{圆柱}>V_{牟}$，得出 $V_{球}<\frac{9}{16}D^3$，从而说明《九章算术》提出的球的体积公式为 $V=\frac{9}{16}D^3$ 是错误的. 尽管刘徽希望通过借助牟合方盖求得球体积的正确公式，但是局限于牟合方盖的特殊形状，最终他还是失败了. 直到南北朝时期，祖暅(约 450—520)提出了一条新的数学理论“缘幂势既同，则积不容异”，祖暅利用这一原理，结合前人刘徽的思想，算出了牟合方盖的体积，最终解决了球的体积这一问题，因此这一原理史称祖暅原理.

案例 6-8 中，在习题的互动评析过程中引入数学史料，不仅能使学生更深入地认识“球的体积”这一内容，还可以使学生更牢固地掌握不规则几何体体积的求解方法. 在提升学生对抽象几何体的想象能力的同时，感受数学家为探寻真理不断求索的精神，同时认识到数学家也不是神，他们也有解决不了的问题，需要几代人不懈的努力，从而增强学生对学习数学不畏惧、不放弃的信心.

除此之外，教师还可以将数学史上的经典谜题改编为问题情境，以此为抓手，培养学生数学思辨能力和对真理的追求. 比如，在古典概型的教学中，教师可以让学生分析意大利著名诗人但丁(A. Dante，1265—1321)在《神曲》的"炼狱篇"中提到的流行于意大利的一种机会游戏问题.

【案例6-9】 "古典概型"教学设计

问题呈现：一人同时掷3个骰子，另一人猜点数和(3～18). 这个游戏出现了一个令弗罗伦萨贵族们感到困惑的问题，因为他们认为9，10，11，12都有6种组合，即

$9=1+2+6=1+3+5=1+4+4=2+2+5=2+3+4=3+3+3$

$10=1+3+6=1+4+5=2+2+6=2+3+5=2+4+4=3+3+4$

$11=1+4+6=1+5+5=2+3+6=2+4+5=3+3+5=3+4+4$

$12=1+5+6=2+4+6=2+5+5=3+3+6=3+4+5=4+4+4$

但在实际游戏过程中，他们发现得到10和11的次数总要超过9和12，到底是什么原因导致理论计算与经验不符呢？

在分析弗罗伦萨贵族们的困惑的过程中，学生发现古典概型具有以下两个特点：

(1) 一次试验包括有限个可能出现的结果(基本事件)；

(2) 每个基本事件出现的可能性相等.

贵族们错以为每种组合中的基本事件数均为6，从而导致结论错误.

教师还可以介绍历史上数学家伽俐略(G. Galileo，1564—1642)的分析思路，以帮助学生更深入地理解古典概率模型，在思路上形成古今对照，有助于学生建构知识体系，完成自我学习.

历史解答：伟大的天文学家伽利略写了一篇短文《关于骰子游戏的思想》，回答弗罗伦萨贵族的赌博问题. 伽利略在文中解释掷3枚骰子时会有216种同等可能的结果，列举法得出3个骰子的所有和数的不同，指出出现点数和为9和12的有25种不同掷法，而出现点数和为10和11的有27种.

从本质上说，数学素养就是学生在学习数学知识的过程中形成的一种学习能力. 美国数学家哈尔莫斯(P. Halmos，1916—2006)曾说："问题是数学的心脏."教师在问题解决的教学过程中，可以有意识地将与学习内容相关的数学史料融入其中，引导学生追溯数学本源，让他们站在历史和现实的双重角度看待问题，通过师生、生生互动，建构知识体系，习得抽象素养.

三、融入数学史料，沉浸抽象认知

《标准》的教学建议中提出，应将数学史融入数学的教育活动中去，让学生在沉浸式活动中感悟数学在工农业生产与日常生活中的巨大价值，开阔知识视野，拓宽数学思维，借数学史之力，提升学生的数学素养.

在批判性吸收新行为主义心理学派观点的基础上，有学者提出沉浸式教学的目标，即产生观点的技能、澄清观点的技能、评估观点合理性的技能，这3类思维技能目标构成整

个思维技能的核心.当学生在完成学习任务时,很少只使用一种思维技能,尤其是在生活中制定决策或解决问题时,往往将这 3 类思维技能融合在一起,这样才能做出深思熟虑的决策或解决方案.因此,如果教师只是教学生解决问题的思维技能,而不帮助学生在问题解决和决策过程中使用澄清、评估观点的思维技能,那么教学只是完成了思维教学的部分任务.当然,如果教师只是培养澄清和评估观点的思维技能,而不教会学生如何将它们运用于解决问题中,同样是不完整的思维教学.因此,沉浸式教学的思维目标是综合运用 3 类思维技能,帮助学生解决具体问题.由于数学抽象素养的培养是一个循环往复、螺旋渐进的过程,因此,教师既要注重课内教学,还要充分利用课外活动,把这 3 类思维技能落到实处.

在开展模块类主题的教学过程中,教师可以收集一些和该主题相关的数学史素材,开设讲座.如在概率初步模块的教学中,教师可以引导学生分析历史上不同数学家对赌徒分金问题的解决方法,把上述 3 类思维能力组合起来,为数学抽象水平较好的同学提供学习素材.

在数学史素材的选取上,可以结合课堂教学需要进行筛选.比如,在进行复数内容的教学之前,教师可以布置学生收集有关数系扩充的历史材料,以激发学生产生观点的技能,通过撰写《复数概念的产生和发展》等小论文提升澄清观点和评估观点合理性的技能.

现行教材在对某些知识的组织编排时,往往是将历史上的数学材料按着一定的逻辑结构和学习要求,加以取舍后,重新编纂而成的.这样做,使得许多数学概念和方法形成的实际背景、演化历程被舍弃,有时候仅凭借对教材的学习,学生很难认识知识的原貌,极易产生“数学从天而降”的错觉.比如,沪教版高中数学教材中,编排的“指数函数与对数函数”的学习顺序就与数学史实不符.学生在学习对数时,常常会产生类似于“为什么要学习对数”“对数里有真数,为什么没有假数”的疑问,这无形中给对数的学习蒙上了一层神秘的面纱.教师可以在指、对数学习之后,为学生开设两课时的“纳皮尔和对数”的选修课.第 1 课时主要采用附加式,介绍数学家纳皮尔(J. Napier, 1550—1617)的生平轶事、对数产生的时代背景,如纳皮尔在发现天文学家苦于大数计算后,以寻找简化计算的工具为己任,展现了数学家的使命感与责任感,由此学生走进数学家的心灵世界,更深刻地理解对数发明是为解决实际问题的需要,认识到数学并非空中楼阁,而是源于实际生活;第 2 课时主要采用复制式和重构式,通过问题引领,让学生了解对数概念发展的历程,感受数学概念是如何一步步地被抽象出来.

【案例 6-10】　“纳皮尔和对数”教学设计

[问题 1] 请同学们不用计算器,求任意两个 2^x, $x\in[1,10]$, $x\in\mathbf{N}$ 的乘积,想一想,所得结果是否能表示成 2 的某个正整数次幂?

[问题 2] 任意两个 2^x, $x\in\mathbf{N}$ 的乘积是否都能表示成 2 的某个正整数次幂呢?

设计意图:通过以上两个问题,引导学生对 2 的指数和所对应幂与乘法运算结果建立等量关系,进而发现,在进行两数的乘法运算时,原来两数可以不必参与实际运算,只需寻找原来两数的幂指数之和作为“替身”,即和所对应的幂.

[问题 3] 利用你在问题 2 求解中发现的方法,求光的传播速度与光从太阳传到地球所用时间的乘积 299792458×499,并用计算器检验计算结果.

设计意图：将特殊问题进行一般化推广，在问题 3 中，尽管学生也可以采用问题 2 中发现的寻找“替身”的方法，但是通过计算器检验发现，替身寻找的准确性会高度影响结果的精确性. 为了精确获得能表示 $a^x=N$ 中的指数幂 x 的值，就需要引入一种新的数，从而引入对数的定义.

除了开设讲座和选修课，教师还可以给学生推荐一些适合的数学史书籍供学生课外阅读，如美国数学教育家约翰·德比希尔(J. Derbyshire)编写的《代数的历史》，我国华东师大汪晓勤教授的著作《数学文化透视》等，这都有助于学生掌握 3 类思维技能，沉浸抽象认知，涵养数学抽象思维.

第三节 说练结合——在体验学习中让素养生根

在数学课程学习过程中，教师要注意引导学生投入情感，让学生在心灵触动下将教材上冰冷的数学知识化为火热的思考，使其经历复杂丰富的学习过程的磨砺. 为此，在主题教学过程中，“说、做、悟”结合的体验式学习，可以让学生在“说中想”“做中感”“悟中生”，从而提升数学素养.

一、用“说”数学的方式准确表达

所谓“说”数学，就是让学生将自己的所学、所思、所想、所悟通过言语交流分享给其他同学，使得学生对概念的内涵和外延有更透彻的理解. 由于“说”数学是师生、生生之间一种运用“数学语言”的交流活动，“说”的本质就是对抽象的数学概念、设置的问题情境进行概括、准确的自我表达，这一过程是学生获取理性思维能力，形成数学方法与思想的过程.

1. 在理解概念时“说”

高中数学中有许多概念是用描述性语句给出的，这些经过高度抽象、精心提炼的定义中，可能会出现一些晦涩难解的名词，为了把晦涩难解的数学概念用学生自己能理解的平实易懂的话语表达出来，教师组织学生“说”概念的活动，让学生体验概念生成的过程.

如教材对“异面直线”的概念是这样叙述的，“异面直线是不同在任何一个平面内的两条直线”. 教师可以先帮助学生分析定义中“不同在任何一个平面”的含义，然后让学生自己组织语言概括出与其相同意思的概念.

学生表达 1：不存在这样一个平面使得两条直线都在该平面上.

学生表达 2：找不到使两条直线共面的平面的两条直线.

学生表达 3：同时经过这两条直线的平面不存在.

通过“说”概念，学生能够深切感悟到数学概念表达所需要的的高度概括性和准确性，从而更加深刻地理解概念的内涵和外延.

2. 在应用情景时“说”

在应用题教学时，学生往往因背景陌生、叙述冗长等原因，找不准切入点，教师组织学生“说”情景的活动，既是把不熟悉的、难以理解的数学情景生活化的过程，更是帮助学生解决实际问题的过程.

如案例 6－11，在开展 3 道应用题的“说”题活动时，教师可以先给出问题 1 及提示问题，帮助学生理解生活情景，待问题 1 解决后，再将问题 2、3 一起给出，同时给出提示问题，开拓学生“说题”的思路.

【案例 6－11】 应用题“说”题活动设计

[问题 1] (2017 上海，19) 根据预测，某地第 $n(n\in\mathbf{N}^*)$ 个月共享单车的投放量和损失量分别为 a_n 和 b_n（单位：辆），其中 $a_n=\begin{cases}5n^4+15, 1\leqslant n\leqslant 3,\\-10n+470, n\geqslant 4,\end{cases}$ $b_n=n+5$，第 n 个月底的共享

单车的保有量是前 n 个月的累计投放量与累计损失量的差.

(1) 求该地区第 4 个月底的共享单车的保有量;

(2) 已知该地共享单车停放点第 n 个月底的单车容纳量 $S_n=-4(n-46)^2+8800$(单位:辆). 设在某月底,共享单车保有量达到最大. 问:该保有量是否超出了此时停放点的单车容纳量?

针对问题 1,教师可以设置如下提示性的问题:

1. 这道题目与你学过的什么数学知识有关?

2. 题目的已知是什么? 所求又是什么?

3. 已知与设问中涉及哪些关键量? 他们之间有什么关系?

4. 对于该题,你的求解思路是什么? 有什么关键点需要注意?

[问题 2] 2016 年某区政府投资 8 千万元启动休闲体育新乡村旅游项目. 规划从 2017 年起,在今后的若干年内,每年继续投资 2 千万元用于此项目. 2016 年该项目的净收入为 5 百万元,并预测在相当长的年份里,每年的净收入均在上一年的基础上增长 50%. 记 2016 年为第 1 年,$f(n)$为第 1 年至此后第 $n(n\in\mathbf{N}^*)$年的累计利润(注:含第 n 年,累计利润=累计净收入-累计投入,单位:千万元),且当 $f(n)$为正值时,认为该项目盈利.

(1) 试求 $f(n)$的表达式;

(2) 根据预测,该项目将从哪一年开始并持续盈利? 请说明理由.

[问题 3] (2009 上海,20) 有时可用函数 $f(x)=\begin{cases}0.1+15\ln\dfrac{a}{a-x} & (x\leqslant 6),\\ \dfrac{x-4.4}{x-4} & (x>6)\end{cases}$ 描述学习某学科知识的掌握程度,其中 x 表示某学科知识的学习次数($x\in\mathbf{N}^*$),$f(x)$表示对该学科知识的掌握程度,正实数 a 与学科知识有关.

证明:当 $x\geqslant 7$ 时,掌握程度的增长量 $f(x+1)-f(x)$总是下降.

针对问题 2、3,教师可以设置如下提示性的提问:

1. 这两道应用题中涉及哪些数学知识?

2. 以上 3 道题的求解思路有什么共同点与不同点?

在具体问题情境中"说"这一交流活动,使学生养成"用数学语言表达自己对问题情境的理解"的习惯. 在主动思考、选择、加工数学信息的过程中,不仅能积累生活情境类试题解题技巧,还能提升学生用数学解决实际问题的能力,养成在熟悉的生活情境中抽象出数学概念和规则,模仿学过的数学方法解决实际问题的习惯.

二、用"做"数学的方式深入理解

所谓"做"数学,就是对素材进行"猜想—证明"式的实验,通过观察、比较、分析、抽象概括、推理证明等活动把握重点、突破难点,引导学生经历发现结论、证明结论的全过程. 在"做"的交流中,鼓励学生对数学本质、规律进行思考和做出判断. 这一"做"的本质是落实《标准》中强调的"关注学生的自主探索和动手实践能力"目标,改变过去"轻归纳,重演绎"的学习方式,这一过程是引导学生获取推理验证能力的重要途径.

1. 在突破难点中“做”

较之于“说”数学，亲自动手实践更有利于学生在现实问题情境中运用数学知识，突破难点，把握研究对象的数学特征.

比如在进行“椭圆的定义与性质”这一内容的教学时，教师发现学生在解与椭圆定义有关的应用问题时，常常找不到突破口. 究其原因是部分教师对椭圆概念的教学还停留在书本理论，为突破难点，教师可参照案例 6-12 组织学生进行如下数学实验.

【案例 6-12】 “椭圆的概念”教学设计

实验一

实验器材：一根绳子、一张白纸、一块画图板、一根铅笔、两个图钉.

活动内容：先将白纸固定在木板上，在纸上随便点两个点记作 F_1，F_2，再用图钉将绳子两端固定在 F_1，F_2 两点处. 用笔尖套在绳子里并拉紧绳子，然后使笔尖慢慢地在纸上移动一圈，观察所得图形的形状.

设计意图：通过实验，让学生体会和发现在移动铅笔的过程中影响所画图形形状的因素，感悟椭圆定义中“到两个定点距离为定值”的含义.

结合实验一中学生画出的各不相同的椭圆形状的事实，教师还可以组织学生进一步研究：什么量可以刻画椭圆的扁圆程度？

实验二

[探究 1] 保持绳子的长度不变，改变固定点之间的距离，观察椭圆的变化情况.

[探究 2] 保持椭圆两固定点之间的距离不变，改变绳子的长度，观察椭圆的变化情况.

[探究 3] 同时将两固定点之间的距离和绳子的长度变为原来的一半，此时椭圆的形状变化情况如何？如果在原来基础上均扩大一倍，椭圆的形状变化情况又如何呢？你能从中得出什么结论呢？

设计意图：以学生动手探究椭圆离心率与扁圆程度的关系代替教师的讲解，学生参与发现结论、证明结论的全过程，积累从抽象到具体的活动经验.

2. 在把握重点中“做”

不少数学习题往往具有生活情景，但是呈现给学生的却是一些单调的文字与图形，学生往往因无法把握重点而对习题无法下手. 英国数学家阿蒂亚（M. F. Atiyah，1929—2019）在《数学的统一性》一书中指出：“几何直觉仍是增进数学理解力的有效途径，它可以使人增加勇气，提高修养.”如何增进学生的理解力，用以把握重点？这就需要学生经历从生动直观到抽象思维，再从抽象思维回归实践的学习过程.

在立体几何教学中，教师可以借助直观、具体的形象，引发学生丰富的联想，变抽象成直观、化复杂为简单，促成形象与逻辑的有效联合. 如在三线平行定理、三垂线定理、线面平行判定定理等定理的教学时，空间中众多图形的位置关系是本章节学习的重点，教师可以组织学生动手制作一些直观的几何模型，为学生理解线、面关系增加直观图形的背景，帮助学生形成基于几何模型的直观感知. 在讲解棱锥体积公式时，可以让学生自己动手，将用橡皮泥做成的三棱柱切割成 3 个三棱锥，直观感受“等底等高的三棱柱体积是三棱锥体积的 3 倍”这一学习重点. 案例 6-13 是教学过程中的一个真实案例.

【案例 6-13】 因图文维度不同而产生的困惑

如图所示，一辆汽车在一条水平的公路上向正西行驶，到 A 处时测得公路北侧一山顶 D 在西偏北 30°的方向上，行驶 600 m 后到达 B 处，测得此山顶在西偏北 75°的方向上，仰角为 30°，求此山的高度 CD.

学生疑惑："图中不是只有上下左右吗？哪里有东西南北呢？"

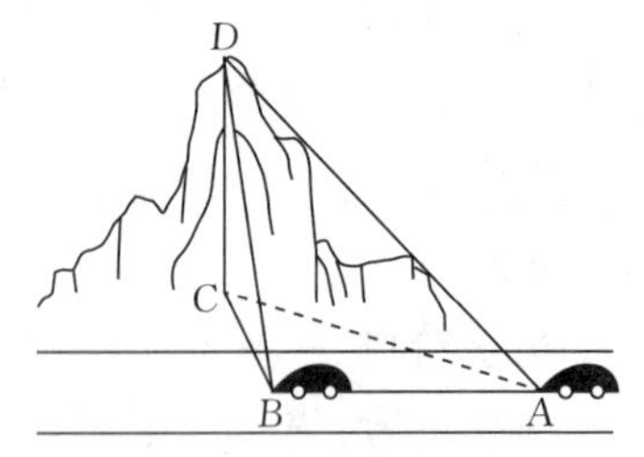

仔细分析后发现，出现这一困惑，主要是由题目中呈现的图形是二维图形，而题中文字表述的意思是三维空间造成的. 此时教师可先引导学生"想象"，然后利用多媒体技术予以呈现，将题中表述的环境做成一个 3D 立体动态的场景，使图文在同一个维度中，便于学生对教学重点的理解.

事实上，在进行"有关几何图形的翻折与对称问题"这一内容教学时，教师可以通过"想象—呈现"的方式组织教学活动，让学生真切地感受从想象到体验的全过程，以涵养学生的推理验证能力.

三、用"悟"数学的方式生成素养

所谓"悟"数学，是指学生在学习目标的指引下，将自己对数学知识及其规律的认识，或是对某类数学问题的困惑及理解，亦或是所学知识与生活问题的结合等，通过编制习题、绘制数学知识"思维导图"、制作数学"小报"、撰写数学论文等活动形式，进行归类整理，形成自己的感悟. 在综合的现实问题中，学生"悟"的本质就是在原有数学结论的基础上形成新命题，并对新命题运用或创造数学方法解决问题，从而感悟数学抽象原理和其中蕴含的数学思想.

1. 在深度反思中"悟"

较之于"说"和"做"，"悟"数学要求学生综合以上两者，在学习的升华阶段，自己的"悟"可以是自己编制习题，也可以是总结归纳，在深度反思中进一步"悟"得数学符号的抽象性. 案例 6-14 是集合运算教学中学生经常会出错的一个问题.

【案例 6-14】 集合运算教学中常见错误

若集合 $A=\left\{y\left|y=\left(\frac{1}{2}\right)^{x}, x\in\mathbf{R}\right.\right\}$，集合 $B=\{y\mid y=x^{\frac{1}{2}}, x\geqslant 0\}$，则 $A\cap B=$________.

学生一般出现的错误是将 A，B 中两函数值域的交集错误理解为方程 $\left(\frac{1}{2}\right)^{x}=x^{\frac{1}{2}}$ 的解集，其错因则是未能透彻理解集合这一抽象数学符号. 针对这一错误，教师除了针对主要错因进行评析讲解之外，还可以让学生针对这一问题开展"你编我做"的编题活动. 图 6-3 所示为一位同学针对这一问题编制的一系列问题.

又如，三角公式因其形式多样、表达抽象而成为教学的一大难点. 学生在学习三角公式时，最常说的一句话就是"太多了，记不住". 沪教版新教材中，针对诱导公式加入了"奇变偶不变，符号看象限"口诀，为学生更好地理解和记忆抽象的三角公式提供了有效途径. 在进行"三角"这一章内容的教学设计时，对于公式的获得，教师可以设计逐级深入的问

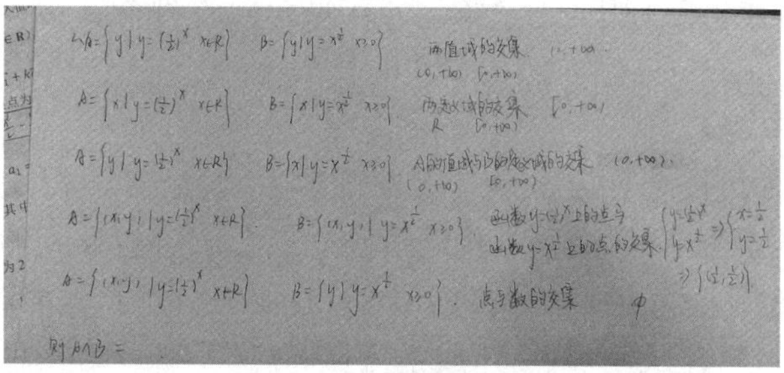

图 6 - 3 学生编制的集合系列问题

题，引导学生经历“从特殊到一般再到特殊”的思维过程，以提升学生的数学抽象素养. 案例 6 - 15 展示了在涉及“两角和与差的余弦公式”这部分内容时可以有的特殊问题.

【案例 6 - 15】 “两角和与差的余弦公式”教学设计

[问题 1] 同学们已经掌握了特殊角的三角比，如 30°，45°，那么 cos75°的值是多少呢？请先猜测，再用计算器验证你猜测的结果.

[问题 2] 结合上面的猜测，请找出 $\alpha-\beta$ 与 α，β 的关系.

[探究 1] 在坐标系中利用角 α，β 构造角 $\alpha-\beta$.

[探究 2] 在单位圆中，构造两个全等三角形.

[探究 3] 写出 4 个点坐标：$P(\cos\alpha,\sin\alpha)$，$Q(\cos\beta,\sin\beta)$，$P'(\cos(\alpha-\beta),\sin(\alpha-\beta))$，$Q'(1,0)$.

[探究 4] 由 $|PQ|=|P'Q'|$ 导出公式

$(\cos\alpha-\cos\beta)^2+(\sin\alpha-\sin\beta)^2=[\cos(\alpha-\beta)-1]^2+\sin^2(\alpha-\beta)$，

$2-2(\cos\alpha\cos\beta+\sin\alpha\sin\beta)=2-2\cos(\alpha-\beta)$，

$\therefore \cos(\alpha-\beta)=\cos\alpha\cos\beta+\sin\alpha\sin\beta$，

[问题 3] 利用以上公式，能否求 cos75°的值？

[问题 4] 请结合以上问题找出 $\cos(\alpha+\beta)$ 与 $\sin\alpha$，$\sin\beta$，$\cos\alpha$，$\cos\beta$ 的关系.

再如，在进行三角章节的复习时，可以布置学生绘制三角公式思维导图（见图 6 - 4），

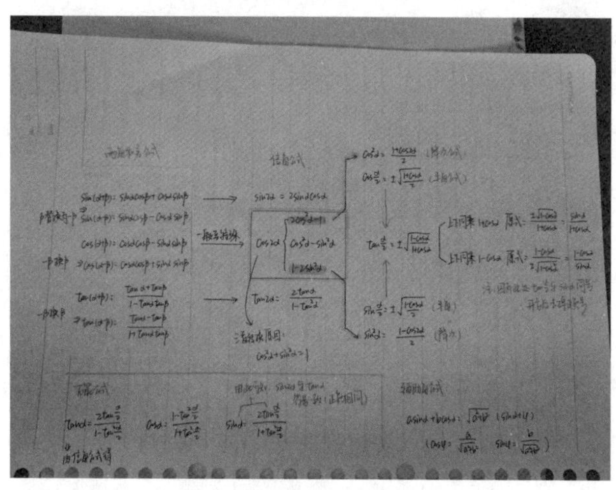

图 6 - 4 学生绘制的三角公式思维导图

在“悟”各公式之间关系的过程中，体会数学公式是如何进行特殊与一般之间变换的，从而提升数学抽象素养.

2. 在多样活动中“悟”

概念教学时，教师可以结合教学重难点安排学生阅读、自学相关素材. 数学阅读可以为学生提供个性化的学习空间，鼓励学生通过独立思考解决所遇到的问题，积累基本活动经验. 但当学生个体的深度反思仍然无助于学习目标的达成时，这时就必须借助群体性的讨论活动来触类旁通，由此及彼，从而达成学习目标.

高中数学知识容量较初中大大增加，涉及更多生活素材，可通过讨论集思广益，提高认知水平，学会用数学的眼光看世界. 教师可以安排学生结合生活素材进行数学写作或撰写数学小论文的活动. 如在学生积累了一定的数学符号后，教师可以开展用数学语言介绍班级同学的数学猜谜活动. 如图 6 - 5 所示为一位名叫黄乐佳(谐音:红辣椒)的同学创作的数学谜语；图 6 - 6 则展示了一道与数列有关的数学应用题，计算结果“74”与数学符号“+”共同组成该谜语的答案.

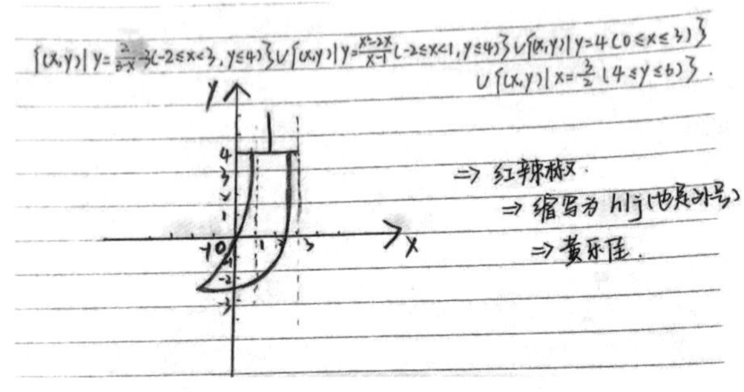

图 6 - 5 “红辣椒”的数学谜语

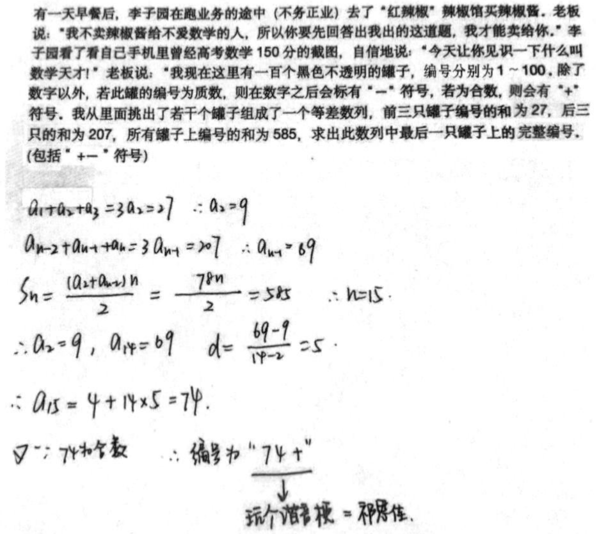

有一天早餐后，李子园在跑业务的途中（不务正业）去了“红辣椒”辣椒馆买辣椒酱. 老板说：“我不卖辣椒酱给不爱数学的人，所以你要先回答出我出的这道题，我才能卖给你.”李子园看了看自己手机里曾经高考数学 150 分的截图，自信地说：“今天让你见识一下什么叫数学天才!”老板说：“我现在这里有一百个黑色不透明的罐子，编号分别为 1 ~ 100. 除了数字以外，若此罐的编号为质数，则在数字之后会标有“−”符号，若为合数，则会有“+”符号. 我从里面挑出了若干个罐子组成了一个等差数列，前三只罐子编号的和为 27，后三只的和为 207，所有罐子上编号的和为 585，求出此数列中最后一只罐子上的完整编号.（包括“+−”符号）

$a_1+a_2+a_3=3a_2=27 \quad \therefore a_2=9$

$a_{n-2}+a_{n-1}+a_n=3a_{n-1}=207 \quad \therefore a_{n-1}=69$

$S_n=\frac{(a_2+a_{n-1})n}{2}=\frac{78n}{2}=585 \quad \therefore n=15.$

$\therefore a_2=9,\ a_{14}=69 \quad d=\frac{69-9}{14-2}=5.$

$\therefore a_{15}=4+14\times5=74.$

又 ∵ 74 为合数 ∴ 编号为“74+”

↓

玩个谐音梗 = [illegible].

图 6 - 6 与数列有关的应用题谜语

学生在创作谜语与猜谜的过程中，不断进行文字语言、数学符号语言、图形语言之间的转化，使数学抽象素养在游戏中悄然提升.

在幂、指、对函数内容学习之后，教师可以让学生到居住地附近的商场等地做调查，了解函数模型在生产生活中的应用，收集一些生活中的函数模型(如指数函数、对数函数、幂函数、分段函数等)实例，结合数学建模知识进行分析，完成调查报告.

特别值得注意的是，对还未学会"说"和"做"的学生，起初的写作对他们来说难度较大，教师需要结合学生的实际水平，循序渐进，不宜操之过急. 在学生写作达到一定水平后，才能通过分析实例，撰写出高质量的调查报告. 下面是学生针对现今停车难问题撰写的论文《地下车库车位优化方案》中的部分内容.

问题提出：

由于生活质量和收入水平的不断提高，越来越多的家庭拥有汽车. 最近几年我国城市的机动车的平均增长速度在15%左右，使得车位的需求大大超出现有车位的供应. 一家商场准备在其地下建造停车场，考虑到附近地区较大的人流量和有限的场地，如何解决好车位设计，使场地利用率最大化，对于商场来说意义重大.

解决思路：

(1) 通过查阅相关资料了解汽车的主要运动原理，得到转弯半径和轮距，汽车长度等数据，结合求解得到的相关公式，根据理论分析和实际需求，对停车场的车位形状进行选择，再选择最合适的停车位摆放方式，最后排查安全隐患问题，从而最终确定车库停车方案.

(2) 在考虑每辆车都能单独调出的情况下，可以去除冗余的通车道，以增大车库利用率，最后排查安全隐患问题，最终确定车库停车方案.

(3) 利用建立的模型，再根据条件中给出的车辆前轮可以转动90°，结合消防通道的设计，明确四个角落里车辆开出的方向，确定最优化的车位设计方案.

基本假设：

(1) 假设每辆车形状有差异，长和宽都相近；

(2) 假设每辆车的驾驶员都为平均水平，即中等水平；

(3) 假设每辆车都能按规定停车，不超出车位线；

(4) 假设场地面积为2000平方米(50米×40米).

传统车库与改进后车库的车位模型如下.

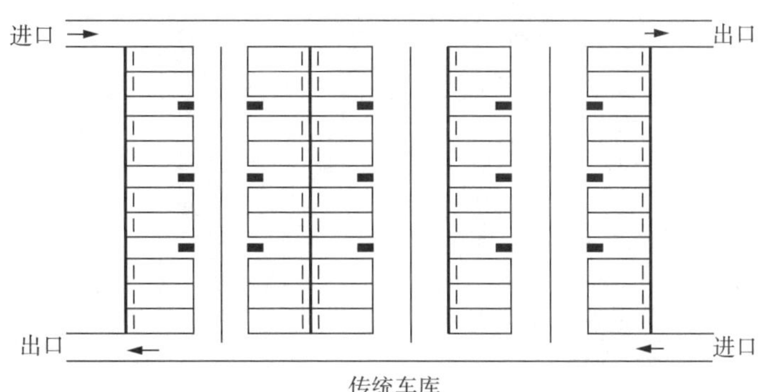

传统车库

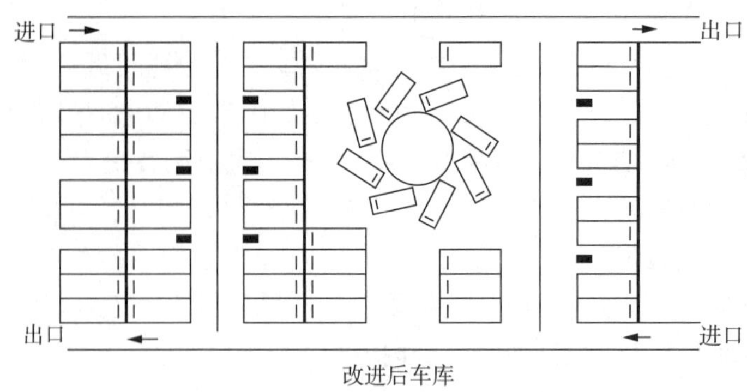

改进后车库

结论：当将改进车库中间圆柱直径设计为 2 米时，停车场最多可容纳车辆 162 辆，用“花式单向”排列结合模型最优.

3. 在操作实验中“悟”

在个体反思和集体活动的基础上，针对数学素养水平较好的学生，可定期开展操作实验活动，采用“数学实验”的校本课程，让学生在实验过程中进一步体“悟”用数学原理解决问题的数学抽象思想和方法.

【案例 6-16】 “操场测量”数学实验课的部分教学设计

实验报告

项目名称：________________　　完成时间：__________

1. 成员分工	
姓名	分工
①	
②	
③	
④	
⑤	
⑥	
2. 观察操场上有哪些需要测量的对象	
3. 测量工具	
4. 测绘图纸	

续表

5. 测量数据、计算过程和结果
6. 研究结果(对比收集数据与实测数据,以及误差分析)
7. 简述工作感受
8. 评分

研究问题:**1.** 学校操场是400米标准跑道,这个400米指的是哪里的距离?

2. 操场有几条跑道?

3. 直道的跑道数和弯道的跑道数是一样多的吗?

4. 有没有见过直道的跑道数和弯道的跑道数不一样多的田径场?

5. 400米跑道的直道长多少?跑100米够吗?

6. 400米跑道的弯道半径是多少?

7. 400米跑道占地面积是多少?

8. 我们学校的足球场长和宽各是多少?面积多大?符合国际赛事的尺寸要求吗?

参考数据:国际比赛:长度100米~110米(109码~120码),宽度64米~75米(70码~82码),世界杯决赛阶段:长度105米(约115码),宽度68米(约74码).

9. 操场上的足球场的长和400米跑道的直道长是一样的吗?

参考数据:如图6-7,目前国际上400米标准跑道半径是36.5米,直道段长为84.39米,道宽为1.22米,8条弯道,直道为8~10条道.在西侧直道设计100米跑及110米跨栏跑,起跑区最小3米,终点缓冲区最小17米.跳远、三级跳远设计在跑道外东侧;半圆内设置标枪道、铁饼、链球护笼、撑杆跳高及跳高、铅球比赛场地,场地中间为天然草标准足球场,标准是长105米、宽68米,在足球场端线外侧保留不小于2米的无障碍区,如下图.

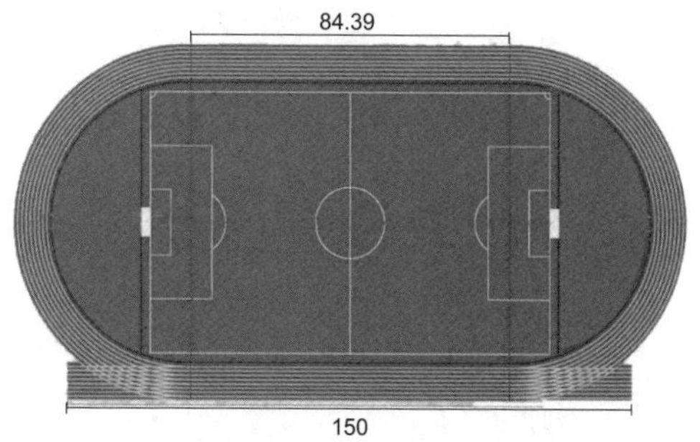

图6-7 400米跑道和足球场标准尺寸

总之,通过开展自我的、师生间的、生生间的多种教学活动,学生学习用严谨的数学语言表达其论证过程,合理地运用数学语言和思维,将所遇情境数学化和抽象化,这一过程即是“悟”的本质,即是涵养学生数学抽象素养的过程.

第四节 多元交汇——在达成目标中为抽象立基

概念与规则、数据与模型、定理与公式等都是数学抽象素养养成的基石.数学教学活动可以通过变式、类比、实践等多种途径,让学生全程参与,多元交汇,领悟这些数学方法和手段,学会思考,逐渐涵养数学抽象能力.

一、在“变式”中形成概念和规则

所谓“变式”教学,是指在教师的启发和引导下,从一个基本问题出发,通过变换问题情境、思考角度、求解方法等,使它们成为系列“因果”问题,再加以关联研究的教学方法.由于“变式”的问题之间互有“因果”,具有很强的关联性,因此有助于学生学会从主题出发,以整体性、关联性的角度研究问题,从众多有关联性的问题中找出普遍规则,把具体问题做一般化的归纳,剖析出问题的本质特征,这一过程即数学规则和概念形成的过程.

1. 为形成概念而“变”

【案例6-17】 关于对数方程增(失)根的教学设计

原问题:判断下列方程中哪些是对数方程?

$2^x=\lg 5$;$\log_5 x^2=2$;$x^2\lg 2+2x=0$;$\log_2(x^2+1)=\log_2(2x^2-3x+3)$;$\lg^2 x-\lg x^2=3$;$\log_2(x^2+3x)=1+\log_2(3x+5)$.

[问题1] 如何求解这些对数方程?

[问题2] 用什么方法可以检验哪些对数方程有增根?

[问题3] 造成对数方程产生增根的原因是什么?

[问题4] 方程会有增根、失根吗?

[问题5] 失根的原因是什么?能否依靠检验来解决?

[问题6] 如何避免方程增(失)根的出现呢?(等价变形)

[问题7] 等价的目的是什么?(得到同解)

案例6-17中,从原问题出发,顺势而为,产生求解简单对数方程的关联问题,引导学生思考求解对数方程过程中产生增(失)根的原因,促使他们感悟到:造成对数方程增(失)根的关键是未能进行同解变形,从而导致未知数的取值范围扩大(缩小).

变式教学的价值,不仅仅在于让学生学会解决原问题,更重要的是通过系列“因果”问题的解决,学习从整体性、关联性的角度研究问题,从而抽象出某一具体问题的一般概念.

2. 为确立规则而“变”

哈尔莫斯说过:“学习数学的最好方法是解题.”然而解什么题,怎样解题才能有利于学生抽象素养的培养,这是一个困扰广大教师的问题.经过不断地尝试与实践,我们发现,在对系列“因果”问题进行关联性研究时,学生可以发现各问题间的内在联系,寻找出数学问题解决的一般性规则.

关联性问题的研究可分为“一题多变”和“多题一法”两类.

【案例6-18】 “不等式的恒成立问题”教学设计

原问题:若对 $x\in\mathbf{R}$,恒有 $x^2+ax+3-a\geqslant0$,求 a 的取值范围.

[变式1] 若对 $x\in[-2,2]$,$x^2+ax+3-a\geqslant0$ 恒成立,求 a 的取值范围.

[变式2] 若对 $a\in[-2,2]$,$x^2+ax+3-a\geqslant0$ 恒成立,求 x 的取值范围.

[变式3] 函数 $f(x)$ 是 $[-1,1]$ 上的奇函数,且是单调增函数,又 $f(-1)=-1$,若 $f(x)\leqslant t^2-2at+1$ 对 $a\in[-1,1]$ 恒成立,求 t 的取值范围.

案例6-18中的4个问题虽然题设条件不同,所求的具体内容也不一样,但是,它们都是含多变量的不等式问题.其中一变量在指定的某个范围内变化,所求变量与已知变量之间存在某种不等关系.因此,它们的解题思路是相同的,都是先将所求参数用含有已知变量的解析式表示出来,也就是通常所说的进行参变分离,然后根据已知变量的取值范围求出含有该变量解析式的取值范围,最后根据不等量关系求出所求参数的取值范围.这种方法可以推广到一般情况,即设计一个变量和一个参数,甚至是多个变量一个参数的问题.从这一变式题组的关联性角度开展的教学,能帮助学生掌握解不等式恒成立问题的普遍规则——参变分离法,而通过孤立的单题是难以体悟出这一数学规则的.

二、在“类比”中获取数据与构建模型

数学抽象素养的培养,除了直接从关联的数学问题中归纳出概念与规则外,还可以在已有数学问题上产生出新问题,再把旧问题与新问题进行“结构”和“方法”上的类比,以获得新问题的数据,通过新旧问题数据的比对分析,构建数学模型.

比如,在学习完等差数列的性质后,又可以衍生出等比数列的性质等新问题,从“结构”上对数列中的这些问题加以类比,如通项公式、运算规律等,就可以构建关于数列的模型.

【案例6-19】 “等比数列”教学设计(片段)

教师可以在教学中先引导学生观察等差数列的每一个性质,以及等比数列中的相应性质.不难发现,两者在“结构”上是一致的,只不过等差数列中满足的“加、减”运算,在等比数列中满足的是“乘、除”运算,前者与后者之间的运算也是相互对应的.

等差数列与等比数列结构比较

	等差数列$\{a_n\}$	等比数列$\{b_n\}$
通项公式	$a_n=a_1+(n-1)d$	$b_n=b_1\cdot q^{n-1}$
任意两项间运算	$a_n-a_m=(n-m)d$	$\dfrac{b_n}{b_m}=q^{n-m}$
相邻3项间关系	$2a_{n+1}=a_n+a_{n+2}$	$b_{n+1}^2=b_n\cdot b_{n+2}$
下标和相等时项之间的关系(当 $m+n=r+t$ 时)	$a_m+a_n=a_r+a_t$	$b_m\cdot b_n=b_r\cdot b_t$

接下来,可以从运算对应的角度(“和”对应“乘”,“差”对应“除”),类比等差数列前 n

项和，让学生研究等比数列前 n 项积的“结构”. 针对不同抽象素养水平的学生，类比的形式也不同. 对于抽象素养水平较低的学生，可以采用入口较窄的填空题方式进行类比，如下：

运用类比思想研究等差数列前 n 项和与等比数列前 n 项积的性质，并完成填空.

(1) 若等差数列 $\{a_n\}$ 中，有 $a_1+a_2+\cdots+a_n=na_1+\frac{n(n-1)d}{2}$ 成立，则在等比数列 $\{b_n\}$ 中，有__________.

(2) 在等差数列 $\{a_n\}$ 中，若 $a_{10}=0$，则有等式 $a_1+a_2+\cdots+a_n=a_1+a_2+\cdots+a_{19-n}(n<19, n\in\mathbf{N})$ 成立. 类比上述性质，相应地，在等比数列 $\{b_n\}$ 中，若 $b_9=1$，则有等式__________成立.

(3) 设等差数列 $\{a_n\}$ 的前 n 项和为 S_n，则 $S_4, S_8-S_4, S_{12}-S_8, S_{16}-S_{12}$ 成等差数列. 类比以上结论，相应地，设等比数列 $\{b_n\}$ 的前 n 项积为 T_n，则 T_3，______，______，$\frac{T_{12}}{T_9}$ 成等比数列.

对于抽象素养水平较高的学生，可以不设台阶直接开展类比研究，甚至于演绎证明研究. 但无论采用哪种形式，这种在更高层次上的探索，目的是根据大数据，建立数学模型，使不同水平学生的数学思维品质和抽象素养都能实现不同程度的提升.

在日常教学中，教师除了可以从知识结构上引导学生进行类比学习之外，还可以在思想方法上开展类比教学. 如在对二次方程根的分布教学时，可以参照案例 6－20 对求解方法作类比.

【案例 6－20】 “二次方程根的分布”教学设计

1. 已知方程 $x^2-2ax+a=0(a\in\mathbf{R})$.

(1) 若有两个不相等的正实根，求实数 a 的取值范围；

(2) 若有一个正实根，一个负实根，求实数 a 的取值范围.

2. (2019 上海，16) 已知 $\tan\alpha\cdot\tan\beta=\tan(\alpha+\beta)$. 有下列两个结论：

① 存在 α 在第一象限，β 在第三象限；

② 存在 α 在第二象限，β 在第四象限，则（　　）.

A. ①②均正确　　B. ①②均错误　　C. ①对②错　　D. ①错②对

第 1 题是一道常见的二次方程根的分布问题，结合判别式及韦达定理可以求解；第 2 题则是一道与三角有关的问题，但是，当我们令 $\tan\alpha=a, \tan\beta=x$，则方程 $\tan\alpha\cdot\tan\beta=\tan(\alpha+\beta)$ 可化简为 $a^2x^2+(1-a)x+a=0(*)$，将 x 看作未知数，a 看作参数，由正切函数的性质可知，结论①可表述为“存在 $a>0$，方程 $(*)$ 有正根”，结论②则可表述为“存在 $a<0$，方程 $(*)$ 有负根”，至此我们已将第 2 题抽象为与第 1 题一样的二次方程根的分布问题，解题思路与方法类似. 具体解法如下：

由 $\tan\alpha\cdot\tan\beta=\tan(\alpha+\beta)$ 得 $\tan\alpha\cdot\tan\beta=\frac{\tan\alpha+\tan\beta}{1-\tan\alpha\tan\beta}$.

令 $\tan\alpha=a, \tan\beta=x$，则方程转化为 $a^2x^2+(1-a)x+a=0(*)$，

当 α 在第一象限时，$\alpha\in(0,+\infty)$，

若 $a\geqslant 1$，则 $\Delta=(1-a)^2-4a^3<a^2-4a^3=a^2(1-4a)<0$，方程无解；

若 $0<a<1$，则 $x_1+x_2=\dfrac{a-1}{a^2}<0$，$x_1\cdot x_2=\dfrac{1}{a}>0$，即使方程有根，也是两个负实根，因此，不存在 $x>0$ 满足方程(*)，即不存在第三象限的角 β 满足原方程.

当 α 在第二象限时，$a\in(-\infty,0)$，$x_1\cdot x_2=\dfrac{1}{a}<0$，方程必有一个正根和一个负根，因此存在 $x<0$ 满足方程(*)，即存在第四象限的角 β 满足原方程.

在教学中，运用类比的方法，使学生在比较中发现、从归纳中抽象，不仅能让学生习得数学知识，还能在此过程中通过数据与模型，培养学生数学抽象素养.

三、在“实践”中验证定理与公式

定理是建立在假设基础上，经过严格的推理和证明确定正确的命题，是建立在公理和假设基础上. 公式也是通过推导得出的，具有抽象性.

这里的“实践”是指学生通过亲身经历数学活动过程所获得的具有个性特征的经验. 通过“亲身经历”，即在多样化的数学活动中去思考、发现、还原定理和公式产生的推理和证明过程，其本质是要引导学生以数学的方式做出“是什么”“能怎样”“为什么”“怎么样”等方面的思考，学会发现问题、提出问题、分析问题、解决问题，这一过程融入了数学抽象的素养要求.

多样化的数学活动可以通过形式多样的教学方式实现，如开设拓展课、专题实践活动等. 案例 6 - 21 是在解三角形应用教学后，教师组织学生开展“测量建筑高度”的实践活动，各小组完成研究报告后，进行汇报交流. 通过实践活动，不仅使学生的自主学习能力及意识得到培养，还在相互交流的过程中更深入地理解了数学知识.

【案例 6 - 21】 “测量建筑高度”实践活动教学设计

小组成员姓名	×××
测量对象	在上海延安东路的外滩，测量金茂大厦与东方明珠之间的距离
小组任务分配情况	每人轮流测量一次，分别计算结果
测量工具	测角器(用量角器、吸管、线绳、橡皮自制)、卷尺、纸、笔、计算器
测量方案	**方案 1：** 如图 1 所示，为了测量江对岸 E 与 F 两点间的距离，在外滩选取与 E、F 在同一水平线上的 C、D 两点进行观测，测得 $\angle ACE$，$\angle ADE$，$\angle BCF$，$\angle BDF$，再用卷尺测得 $CD=d$，在 $\triangle ACE$ 与 $\triangle ADE$ 中，利用公共边 AE 求出 $l_2=\dfrac{d\cdot\tan\angle ADE}{\tan\angle ADE-\tan\angle ACE}$. 同理可在 $\triangle BCF$ 与 $\triangle BDF$ 中求出 $l_1=\dfrac{d\cdot\tan\angle BDF}{\tan\angle BDF-\tan\angle BCF}$，则 $EF=l_1-l_2$. 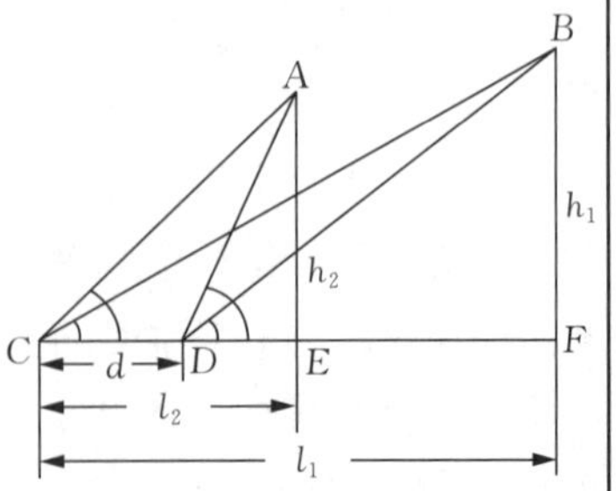 图 1

<table>
<tr><td>测量方案</td><td>方案 2:如图 2 所示,为了测量江对岸 A 与 B 两点间的距离,在外滩以 C,D 两处为观测点进行观测,用卷尺测得 CD,又用测角器测得 $\angle ACD=\alpha$,$\angle BCD=\alpha_2$,$\angle CDB=\beta$,$\angle CDA=\beta_2$,得出 $\angle ACB=\alpha_1=\alpha-\alpha_2$,由于 $\triangle ACD$ 和 $\triangle BCD$ 都是已知二角一边,可分别用正弦定理求出 AC 和 BC,再在 $\triangle ABC$ 中用余弦定理求 AB 的长.
图 2
方案 3:如图 3 所示,为了测量江对岸 B 与 C 两点间的距离,在外滩选取点 A 进行观测,用测角器可测得 $\angle DAB=\alpha$,$\angle EAC=\beta$,$\angle BAC=\theta$. 在 Rt$\triangle ABD$ 和 Rt$\triangle ACE$ 中,由于 BD 与 EC 的长已知,可求出 AB 和 AC,再在 Rt$\triangle ABC$ 中用余弦定理求出 BC 的长.
图 3</td></tr>
<tr><td>测量数据记录</td><td>根据各方案需要记录</td></tr>
<tr><td>结论</td><td>取平均值</td></tr>
<tr><td>反思与收获</td><td>1. 结合测量要求,恰当地构建三角形优化测量方案;
2. 问题解决过程中只测角度是不够的,至少还需要测量一个长度;
3. 实际测量的精准程度会影响计算结果,使之出现偏差;
4. 体悟数学来源于生活;
5. 合作学习增进同学之间的了解</td></tr>
</table>

教师在组织教学过程中,应尽可能地将所学数学内容在具有活动性的、过程性的、情景化的环境下进行,涉及内容可以包含生产与生活中的数学问题等,让学生“亲身经历”,参与假设、推理和证明的全过程. 如开设“生活中的数学”拓展型课程,案例 6－22 是结合购房时常常面临的“分期付款”问题而开设的“分期付款方式该如何选择”的拓展课教学设计.

【案例 6－22】　“分期付款方式该如何选择”拓展课教学设计

课前准备:布置学生查找以下内容,并在课堂上交流.

1. 银行目前的存款方式有零存整取、整存整取、定期自动转存;

2. 利率计算方式为单利计息与复利计息.

单利:指仅在原始本金上计算利息,本金所产生的利息不再计算利息. 以 100 元存两年年利率 3%计息,两年后本利总和为多少元?

复利:指除本金产生利息外,在下一个计息周期内,将上一期的本金和利息一起作为本金来计算利息,即利息产生的利息也被计算在内. 以 100 元存两年年利率 3%计息,两年后本利总和为多少元?

课堂教学:结合一个具体的购房贷款案例,对采用两种还款方式进行分析,并得出一般结论.

1. “等额本金”还款法

“等额本金”还款法是将贷款的本金按还款的总月数平分,再加上上期剩余本金的利息，这样就形成月还款额．由于每个月还款的本金数额不变，但还款额不同，第一个月还款最多，以后逐月减少．

2．“等额本息”还款法

“等额本息”还款法是指将贷款的本金及利息总和按还款的总月数平分．由于月还款额不变，所以还款前一半时期所还的金额中利息比例大，本金比例小，还款后一半时期逐步转为本金比例大、利息比例小．

例　王先生购买了一套120平方米的商品房，如果他向银行贷款60万元，还款期限20年，年利率按6%（月利率为5‰），按银行规定：在分期付款中，每期利息按复利计算，即上期利息要计入下期本金．

等额本息：每月还款金额$=\frac{600000(1+5‰)^{240}\times 5‰}{(1+5‰)^{240}-1}=4298.6$（元）．

等额本金：第1个月还款金额$=\frac{600000}{240}+600000\times 5‰=5500$（元），

第2个月还款金额$=\frac{600000}{240}+(600000-2500)\times 5‰=5487.5$（元），

……

第n个月还款金额$=\frac{600000}{240}+(600000-2500n)\times 5‰$（元）．

假设每月贷款本金为P，月利率为R，还款月数为N，可抽象出一般结论：

等额本息每月还款额$=P\times\frac{R\times(1+R)^N}{(1+R)^N-1}$，

等额本金第n个月还款额$=\frac{P}{N}+\left[P-\frac{P}{N}\times(n-1)\right]\times R$．

两种付款方式的优劣比较：等额本息利于记忆、还款方便，而且每月还款压力较小．但由于起初去掉按月结清的利息后，所还本金较少，后期则所需归还本金在不断增加，导致实际付出本利总和较等额本金更高．等额本金每月还款本金相同，利息逐月递减，每月还款额不同，适合在前段时间还款能力较强的群体．

课后拓展：有条件的学校还可以组织学生开展相关社会调查活动，或者邀请相关金融界的人士做相关的讲座，更详细地介绍假设、推理和论证的过程．

在“实践”中验证定理与公式，除了组织丰富多样的教学活动外，教师将课本上的例题替换成学生日常生活、娱乐中真实接触到的实例或改编成可以动手操作的实验，用以验证定理、命题的正确性．如图6－8所示为沪教版高中数学教材选择性必修二中有关正态分布引入部分的内容．教材中有关米的质量的实例虽然是一个对正态分布模型有很好佐证的材料，但因其远离学生的生活，所以很难引起学生的共鸣．

在超市里拿起一包米，其标示的质量是5000克，但实际上是有误差的．假设包装米的公司没有故意偷工减料，计量员把所有在售的米按包精确地检测，把米包质量的频率分布直方图画出来，会是一个什么形状呢？这是一个峰值在5000克左右的单峰图（图6－8），它粗略展示了一个正态分布的形状．实际上，很多测量数据的分布都呈现出这样的形状．

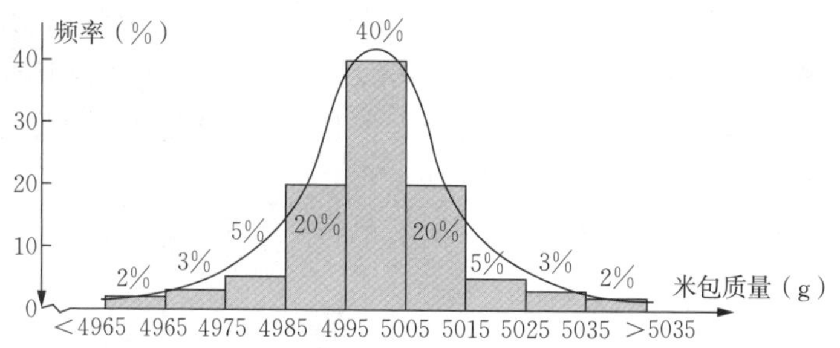

图 6-8 正态分布

相比较之下,图 6-9 所示的奶茶店里常用的使用高尔顿钉板的奖励小游戏就很接地气,这更有利于学生对正态分布模型的理解. 在教学安排上,可以先与劳动技术课的教师沟通,安排学生在劳动技术课上先动手制作如图 6-10 所示的高尔顿钉板,并对底部球槽进行编号. 图中每一个黑点代表一颗钉子,第 n 行有 $n+2$ 颗钉子,$n+1$ 个空隙,每两颗相邻钉子间的距离相等. 让一个小球从高尔顿板上方的通道口落下,小球在落下的过程中每次都有向左下落或向右下落两种可能,最终落入板底部的某个球槽里.

图 6-9 奶茶店奖励小游戏

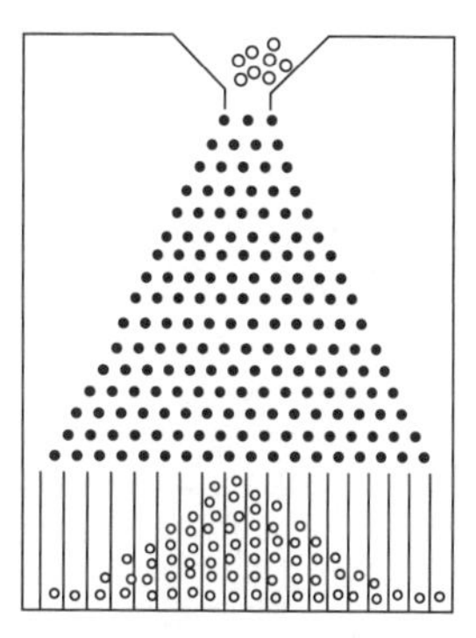

图 6-10 高尔顿钉板

正态分布的教学方式可以采用以下两种教学安排:

第一种,课前将学生分成小组做高尔顿钉板试验,然后让他们以组为单位绘制频率分布直方图,在课堂上交流绘制的直方图有什么特点,让学生对正态曲线的来源有直观的印象. 为进一步引入正态分布概念,理解正态分布特征奠定基础.

第二种,先运用教材中的实例引出正态分布模型,再让学生以小组为单位做高尔顿钉板试验. 在试验过程中观察并记录小球落入球槽的编号,随着试验次数的增加,观察到落入各球槽中小球的个数呈现中间多两边少,且左右两边对称的特点,从而验证了正态分布“钟形”曲线的特征.

总之,为使学生能亲身经历数学活动的全过程,需要教师将课堂活动形式和内容做出适当调整,在设计和实施上也应注意给学生留充足的假设论证时间和空间. 特别要注意,有关定理与公式的主题教学要求学生必须全程参与,它是学生去思考、发现、还原这一论证过程的必不可少的条件.

第七章

反思与前景展望

总体来说，到目前为止，本研究已取得了一定的成果，在运用“主题螺旋进阶”落实高中生数学抽象素养的培养目标上取得了一定的经验，针对核心概念统领下的高中生数学抽象素养的各水平层级评价，建立了一套检测题库. 但本研究还有 3 个问题未解决，后续的研究将围绕以下展开.

(1) 本研究的内容是沪教版高中数学新教材中的主要内容，而非全部内容，实施的主要对象也仅是高中部分班级的学生，而不是全部，还有部分学生未顾及.

(2) 调研数据样本太小，仅适用本市部分高中，如何使本研究的适用范围更广，是下一阶段需要努力探索的问题.

(3) 调研的后续数据因班级重组、任课老师的变动等因素而无法继续采集，这也影响了研究的最后实施.

后续的研究除了使样本更全面，内容覆盖面更广之外，还要在本市逐步推广研究成果，并在推广和使用过程中进一步完善运用"主题螺旋进阶"培养高中生其他数学素养.

附　录

附录 A　高中各年级学生自我认知问卷(问卷一)

亲爱的同学：

你好！我们正在进行一项关于高中生数学抽象素养测评的研究，你的回答将为我们的研究提供真实有力的数据. 本测试采取不记名形式，大约需要 90 分钟时间，调查结果不会对你产生任何不利影响. 希望你能认真、如实地解答问题，你的真实回答对我们的研究非常重要，谢谢你的合作，祝学习愉快！

高一学生自我认知问卷

1. 请填写你的基本信息：

班级：______________　　性别：________

在所学的学科中，你喜欢的科目是(　　).

A. 偏文　　B. 偏理

2. 你的中考和初三一模考的数学成绩(若两次分差比较大，算两次的平均值)大概在(　　).

A. 131 分～150 分　　B. 111 分～130 分　　C. 91 分～110 分

D. 71 分～90 分　　E. 70 分以下

3. 你对数学概念或定理的学习方式是(　　).

A. 死记硬背　　B. 理解记忆

C. 根据已学过的知识总结记忆　　D. 从不记概念

4. 在数学学习时，你经常会感觉数学概念和内容抽象，难以理解(　　).

A. 完全符合　　B. 基本符合　　C. 不确定

D. 基本不符合　　E. 完全不符合

5. 解决含字母的问题，你经常记得分类讨论(　　).

A. 完全符合　　B. 基本符合　　C. 不确定

D. 基本不符合　　E. 完全不符合

6. 你能够用数学方式来解释生活中遇见的某些现象(　　).

A. 完全符合　　B. 基本符合　　C. 不确定

D. 基本不符合　　E. 完全不符合

7. 你的数学老师在讲数学概念的时候，会结合生活中的例子（　　）.

A. 完全符合　　B. 基本符合　　C. 不确定

D. 基本不符合　　E. 完全不符合

8. 数学课堂上，数学老师教我们把问题数学化（　　）.

A. 完全符合　　B. 基本符合　　C. 不确定

D. 基本不符合　　E. 完全不符合

高二学生自我认知问卷

1. 请填写你的基本信息：

班级：______________　　性别：________

你选择的加三学科是（　　）.

A. 偏文　　B. 偏理

2. 你平时的数学成绩一般在（　　）.

A. 131 分～150 分　　B. 111 分～130 分　　C. 91 分～110 分

D. 71 分～90 分　　E. 70 分以下

3. 你对数学学习的态度是（　　）.

A. 非常有兴趣　　B. 有一定兴趣

C. 高考要考，必须得学　　D. 目前随便，无所谓

4. 我能说出初中函数概念和高中函数概念之间的区别（　　）.

A. 很符合　　B. 比较符合

C. 不清楚两者的区别　　D. 不符合

5. 你对数学概念或定理的学习方式是（　　）.

A. 死记硬背　　B. 理解记忆

C. 根据已学过的知识总结记忆　　D. 从不记概念

6. 我认为数学概念、定理、命题或规则很抽象，难以理解（　　）.

A. 完全符合　　B. 基本符合　　C. 不确定

D. 基本不符合　　E. 完全不符合

7. 在立体几何的学习过程中，我能够想象出图形的基本形状和特征（　　）.

A. 完全符合　　B. 基本符合　　C. 不确定

D. 基本不符合　　E. 完全不符合

8. 对于某些简单的生活现象中蕴含的函数关系，我能用数学语言表达（　　）.

A. 完全符合　　B. 基本符合　　C. 不确定

D. 基本不符合　　E. 完全不符合

9. 你的数学老师在讲数学概念的时候，会结合生活中的例子（　　）.

A. 完全符合　　B. 基本符合　　C. 不确定

D. 基本不符合　　E. 完全不符合

10. 数学课堂上,数学老师教我们把问题数学化(　　).

A. 完全符合　　B. 基本符合　　C. 不确定

D. 基本不符合　　E. 完全不符合

高三学生自我认知问卷

1. 请填写你的基本信息:

班级:______________　　性别:________

你所选择的加三学科是(　　).

A. 偏文　　B. 偏理

2. 你平时的数学成绩一般在(　　).

A. 131 分～150 分　　B. 111 分～130 分　　C. 91 分～110 分

D. 71 分～90 分　　E. 70 分以下

3. 你对数学概念或定理的学习方式是(　　).

A. 死记硬背　　B. 理解记忆

C. 根据已学过的知识总结记忆　　D. 从不记概念

4. 在数学学习时,你经常会感觉数学概念和内容抽象,难以理解(　　).

A. 完全符合　　B. 基本符合　　C. 不确定

D. 基本不符合　　E. 完全不符合

5. 解决含字母的问题,你经常记得分类讨论(　　).

A. 完全符合　　B. 基本符合　　C. 不确定

D. 基本不符合　　E. 完全不符合

6. 你能够用数学方式来解释生活中遇见的某些现象(　　).

A. 完全符合　　B. 基本符合　　C. 不确定

D. 基本不符合　　E. 完全不符合

7. 你的数学老师在讲数学概念的时候,会结合生活中的例子(　　).

A. 完全符合　　B. 基本符合　　C. 不确定

D. 基本不符合　　E. 完全不符合

8. 数学课堂上,数学老师教我们把问题数学化(　　).

A. 完全符合　　B. 基本符合　　C. 不确定

D. 基本不符合　　E. 完全不符合

附录 B　高中各年级学生抽象素养测评卷(问卷二)

高一学生抽象素养测评卷

1. 以下构成集合的有____________.

① 2017 年中所有星期天　② 高一(1)班长头发的女生　③ $A=\{0,1,2,5,7,9,10\}$

2. 已知集合 $A=\{1,3,\sqrt{m}\}$,$B=\{1,m\}$,$A\cup B=A$,则实数 $m=$____________.

3. 如果 $M=\{y\mid y=x^2,x\in\mathbf{R}\}$,$N=\{y\mid x^2+y^2=2,x\in\mathbf{R},y\in\mathbf{R}\}$,那么 $M\cap N=$____________.

4. 我国古代数学名著《九章算术》方田章圆田术(刘徽注)中指出:"割之弥细,所失弥少,割之又割,以至于不可割,则与圆周合体而无所失矣."注述中所用的割圆术是一种无限与有限的转化过程,比如在$\sqrt{2\sqrt{2\sqrt{2\cdots}}}$中,"…"即代表无限次重复,但原式却是一个定值 x,这可以通过方程 $\sqrt{2x}=x$ 确定 $x=2$,类似地,可以得到 $1+\dfrac{1}{1+\dfrac{1}{1+\cdots}}=$____________.

5. 如图所示,一辆小车沿倾斜角为 α 的斜坡向上行驶 13 米,已知 $\cos\alpha=\dfrac{12}{13}$,则小车上升的高度是(　　).

A. 5 米　　B. 6 米

C. 6.5 米　　D. 12 米

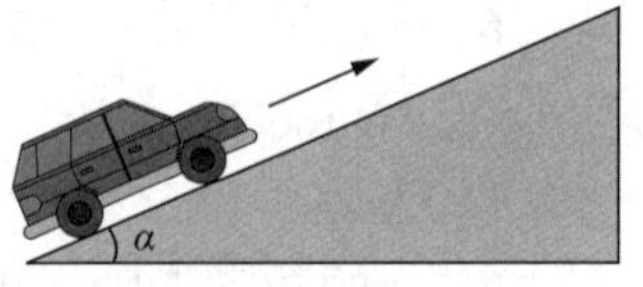

第 5 题图

6. 如图所示,在平面直角坐标系中,Ω 是一个与 x 轴的正半轴、y 轴的正半轴分别相切于点 C、D 的定圆所围成的区域(含边界),A、B、C、D 是该圆的四等分点.若点 $P(x,y)$、点 $P'(x',y')$满足 $x\leqslant x'$且 $y\geqslant y'$,则称 P 优于 P'.如果 Ω 中的点 Q 满足:不存在 Ω 中的其他点优于 Q,那么所有这样的点 Q 组成的集合是劣弧(　　).

A.  $\overset{\frown}{AB}$　　B. $\overset{\frown}{BC}$

C. $\overset{\frown}{CD}$　　D. $\overset{\frown}{DC}$

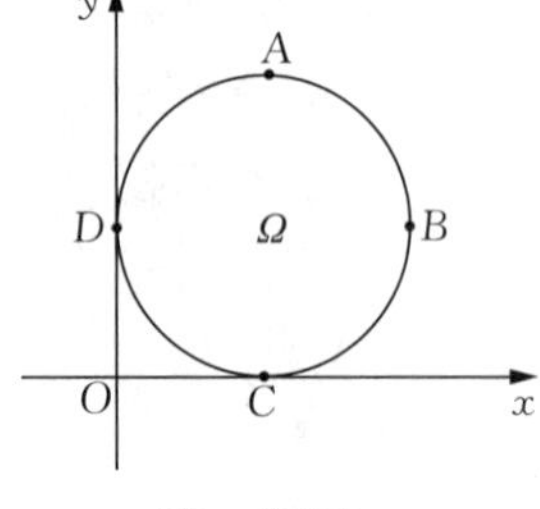

第 6 题图

7. 下表表示弹簧拉力 f 与弹簧伸长的长度 d 的相关数据.

d/cm	1	2	3	4	5	……
f/N	14.2	28.8	41.7	57.5	70.2	……

利用描点法画出弹簧拉力随弹簧伸长长度变化的图像，并写出一个基本反映这一变化的解析式.

8. 甲、乙两车同时同向沿直线从 A 地驶向 B 地，行驶的路程均为 s，甲在前一半时间以 v_1 匀速行驶，后一半时间以 v_2 匀速行驶. 乙在前一半路程以 v_1 匀速行驶，后一半路程以 v_2 匀速行驶，问：哪辆车先到达 B 地？（其中 $v_1 \neq v_2$）

9. 问题(1)：如果用 $a$kg 白糖制出 $b$kg 糖溶液，则糖的质量分数为 $\frac{a}{b}$. 若在上述溶液中再添加 $m$kg 糖，糖水变得更甜了. 此时糖的质量分数增加到 $\frac{a+m}{b+m}$；

问题(2)：建筑学规定，民用住宅的窗户面积必须小于地板面积，但按采光标准，窗户面积和地板面积之比应不小于 10%，且这个比值越大，采光越好. 设窗户面积为 a，地板面积为 b，此时采光条件表示为 $\frac{a}{b}$，若窗户和地板面积均增加 m，则采光条件变好，此时采光条件表示为 $\frac{a+m}{b+m}$.

根据上述两个问题，你能归纳总结出一个不等式结论吗？请给出证明.

10. 某时刻 A 点向西 400 千米的 B 处是台风中心，台风以每小时 40 千米的速度向东北方向直线前进，以台风中心为圆心、300 千米为半径的圆称为“台风圈”，从此时刻算起，经过多长时间 A 点进入台风圈？A 点处在台风圈中的时间多长？

11. 7 只杯子放在桌子上，3 只杯口朝上，4 只杯口朝下，现要求每次同时翻转其中 4 只，使杯口朝向相反，问：能否经过有限次翻转后，使所有杯子的杯口均朝下？

12. 在数轴上对坐标分别为 x_1、x_2 的两点 A、B，定义两点间的距离为 $d(A,B)=|x_1-x_2|$.

(1) 在该数轴上任意取三点 A、B、C，说明它们满足 $d(A,B)\leqslant d(A,C)+d(B,C)$；

(2) 取 A，B 两点坐标分别为 -3、2，找出满足 $d(A,B)=d(A,C)+d(B,C)$ 的点 C 的范围，再找出满足 $d(A,B)<d(A,C)+d(B,C)$ 的点 C 的范围.

13. 城市中大多数街道是相互垂直或平行的，我们往往不能沿直线行走到达目的地，而只能按直角拐弯的方式行走. 因此，在平面上建立直角坐标系后，引入两点间新的“距离”：对两点 $A(x_1,y_1)$ 和 $B(x_2,y_2)$，定义两点间距离为 $d(A,B)=|x_1-x_2|+|y_1-y_2|$.

(1) 在平面上任意取三点 A，B，C，说明它们满足 $d(A,B)\leqslant d(A,C)+d(B,C)$；

(2) 在平面上取两点 $A(x_1,y_1)$ 和 $B(x_2,y_2)$，找出满足 $d(A,B)=d(A,C)+d(B,C)$ 的点 C 的范围，再找出满足 $d(A,B)<d(A,C)+d(B,C)$ 的点 C 的范围.

高二学生抽象素养测评卷

1. 函数 $y=\log_a(3x-2)$，$a>0$，$a\neq 1$ 的图像经过定点 A，则点 A 的坐标为__________.

2. 下列 4 个命题中真命题的是(　　).

A. 垂直于同一直线的两条直线互相平行

B. 过空间任意一点与两条异面直线都垂直的直线有且只有一条

C. 底面各边相等、侧面都是矩形的四棱柱是直四棱柱

D. 过球面上任意两点的大圆有且只有一个

3. 已知 $y=f(x)$ 是 $\mathbf{R}$ 上的奇函数，恒有 $f(x+2)=-f(x)$，当 $0\leqslant x\leqslant 1$ 时，$f(x)=x$，则 $f(7.5)=$__________.

4. 已知 $ABCD-A_1B_1C_1D_1$ 是底面边长为 1 的正四棱柱，高 $AA_1=2$. 点 C 到平面 BDC_1 的距离为__________.

5. 若函数 $y=\sin(2x+\alpha)+\cos(2x+\alpha)$ 是奇函数，则最小正数 α 的值为__________.

6. 若函数 $f(x)=\log_2(2-ax)$ 在 $[0,1]$ 上是减函数，则 a 的取值范围是__________.

7. 在正方体 $ABCD-A_1B_1C_1D_1$ 中，动点 M 从 B_1 点出发，在正方体表面上沿逆时针方向运动一周后，再回到 B_1 的运动过程中，点 M 与平面 A_1DC_1 的距离保持不变，运动的路程 x 与 $L=MA_1+MC_1+MD$ 之间满足函数关系 $L=f(x)$，则此函数图像大致是(　　).

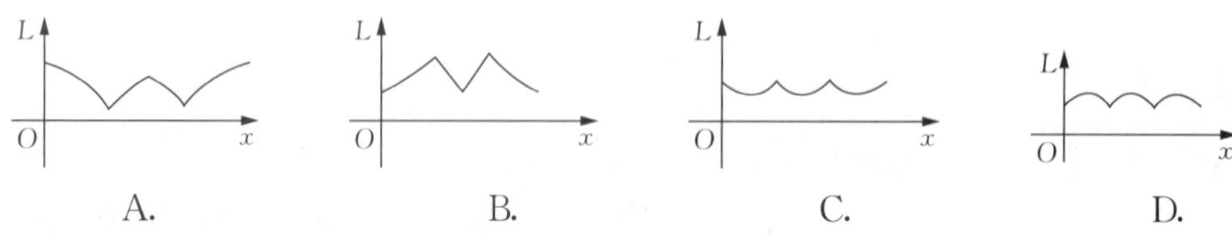

8. 设 $U=\mathbf{N}$，集合 $A=\{x\mid x=3p+4q,p,q\in\mathbf{N}\}$，则 $\overline{A}=$______.

9. 已知正方体 $ABCD-A_1B_1C_1D_1$ 的棱长为 a，异面直线 DA_1 与 AC 之间的距离为__________.

10. 在长方体 $ABCD-A_1B_1C_1D_1$ 中，$AA_1=AD=1$，E 为 CD 中点.

(1) 求证：$B_1E\perp AD_1$；

(2) 若 $AB=2$，求二面角 $A-B_1E-A_1$ 的大小.

11. 饺子是家中常见的食物，在包饺子的时候，在使用相同质量面粉的情况下，如下两种情况哪一种能够包更多的饺子馅，请说明你的理由.

(1) 将饺子包得小一点，尽可能多包几个饺子；

(2) 将饺子包得大一点，尽可能在每一个饺子里面多塞一些饺子馅.

高三学生抽象素养测评卷

1. 下列对于向量的描述正确的是(　　).

① 向量就是有向线段；

② 若 $\vec{a}$ 与 $\vec{b}$ 平行，则 $\vec{a}$ 与 $\vec{b}$ 的方向相同或相反；

③ 若 $\overrightarrow{AB}$ 与 $\overrightarrow{CD}$ 是共线向量，则点 A,B,C,D 必在同一条直线上；

④ 两个有共同起点且相等的向量，其终点必相同.

A. ①②③④　　B. ②③④　　C. ③④　　D. ④

2. (1) 若函数 $f(x)$ 的定义域是 $[0,1]$，则 $f(x-2)$ 的定义域是__________；

(2) 若函数 $f(x-2)$ 的定义域是 $[0,1]$，则 $f(x)$ 的定义域是__________；

(3) 若函数 $f(x-2)$ 的定义域是 $[0,1]$，则函数 $f(x-3)$ 的定义域是__________.

3. 下列表示同一函数的序号为__________.

① $y=f(x)$与$y=f(x+1)$；　　② $y=\sqrt{\dfrac{x+1}{x-1}}$与$y=\dfrac{\sqrt{x+1}}{\sqrt{x-1}}$；

③ $y=\left|\lg\left(\dfrac{1}{2}\right)^x\right|$与$y=|x|\lg2$；　　④ $y=\dfrac{|x|}{x}$与$y=\begin{cases}1 & (x>0),\\ -1 & (x<0);\end{cases}$

⑤ $f(x)=\sqrt{x^2}$，$g(x)=(\sqrt{x})^2$；　　⑥ $f(x)=x$，$g(x)=\sqrt[3]{x^3}$；

⑦ $f(x)=1$，$g(x)=(x-1)^0$.

4. 已知向量$\overrightarrow{OA}=(3,-4)$，$\overrightarrow{OB}=(6,-3)$，$\overrightarrow{OC}=(5-m,-3-m)$，若点$A$，$B$，$C$能构成三角形，则实数$m$满足的条件是_________.

5. (1) 函数$y=x-\sqrt{4-x}$的值域是__________；

(2) 函数$y=x+\sqrt{4-x^2}$的值域是__________.

6. 学校宿舍与办公室相距a m. 某同学有重要材料要送交给老师，从宿舍出发，先匀速跑步 3 min 来到办公室，停留 2 min，然后匀速步行 10 min 返回宿舍. 在这个过程中，这位同学行进的速度和行走的路程都是关于时间的函数，画出速度函数和路程函数的示意图.

解：设该同学行进的速度为$v(t)$(m/min)，路程为$s(t)$(m)，则

$v(t)=\begin{cases}\_\_\_\_\_\_\_\_\_\_\_\_\_\_\_\_\\ \_\_\_\_\_\_\_\_\_\_\_\_\_\_\_\_\\ \_\_\_\_\_\_\_\_\_\_\_\_\_\_\_\_\end{cases}$　　$s(t)=\begin{cases}\_\_\_\_\_\_\_\_\_\_\_\_\_\_\_\_\\ \_\_\_\_\_\_\_\_\_\_\_\_\_\_\_\_\\ \_\_\_\_\_\_\_\_\_\_\_\_\_\_\_\_\end{cases}$

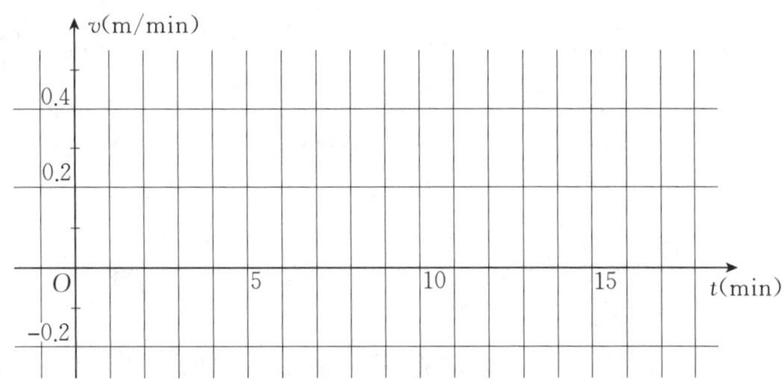

第 6 题图 1

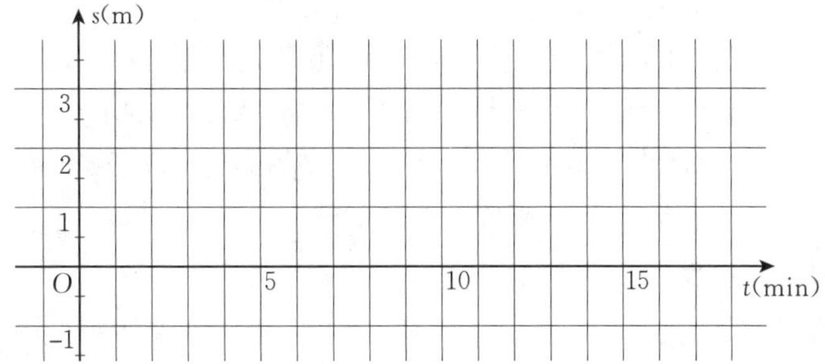

第 6 题图 2

7. 在单位圆 $O: x^2+y^2=1$ 上任取一点 $P(x,y)$，圆 O 与 x 轴正向的交点是 A，将 OA 绕原点逆时针转到 OP 所成的角记为 θ.

(1) 请写出 x,y 关于 θ 的表达式，并说明 x,y 的几何意义；

(2) 假设由(1)得出的表达式是 $x=f(\theta)$，$y=g(\theta)$，利用单位圆直观说明这两个函数的周期性、单调性和对称性；

(3) 当 θ 满足什么条件时，不等式 $g(\theta)<\theta$ 成立，并给出证明.

解：(1) $x=$__________；$y=$__________；

x 的几何意义：____________________；

y 的几何意义：____________________.

(2)

<table>
<tr><th></th><th>周期性</th><th>单调性</th><th>对称性</th></tr>
<tr><td rowspan="2">$f(\theta)$</td><td rowspan="2">最小正周期
$T_{\min}=$______</td><td>在[________]，$k\in\mathbf{Z}$ 上单调递增</td><td>关于________轴对称</td></tr>
<tr><td>在[________]，$k\in\mathbf{Z}$ 上单调递减</td><td>关于________中心对称</td></tr>
<tr><td rowspan="2">$g(\theta)$</td><td rowspan="2">最小正周期
$T_{\min}=$______</td><td>在[________]，$k\in\mathbf{Z}$ 上单调递增</td><td>关于________轴对称</td></tr>
<tr><td>在[________]，$k\in\mathbf{Z}$ 上单调递减</td><td>关于________中心对称</td></tr>
</table>

(3) $\because g(\theta)\in$__________，

① 当 $\theta>g(\theta)_{\max}=$__________时，$g(\theta)<\theta$ 恒成立；

② 当 $\theta\leqslant g(\theta)_{\min}=$__________时，$g(\theta)<\theta$ 恒不成立；

③ 当 $0<\theta<1$ 时，由正弦线可知，$\sin\theta$__________ θ 恒成立，即 $g(\theta)$________ θ 恒成立；

④ 当 $-1<\theta<0$ 时，$-\theta\in(0,1)$，由③可知，$\sin(-\theta)$______ $-\theta$，即 $-\sin\theta$______ $-\theta$，$\therefore\sin\theta$__________ θ.

⑤ 当 $\theta=0$ 时，$g(\theta)=$__________，$\therefore\sin\theta$__________ θ.

综上，当__________时，$g(\theta)<\theta$ 恒成立.

8. 假设某人从事某项投资，他先投入本金 a 元，得到的利润是 b 元，收益率是 $\dfrac{b}{a}$；第二次他投入本金 x 元，得到的利润恰好是 cx 元. 问：

(1) 计算此人两次投资的总收益率.

(2) 假设在前一次投资的基础上，此人每次都定期追加投资 x 元，每次得到的利润也是 x 元，那么他的总收益率是增加了还是减少了？请解释你的结论.

(3) 从数学角度看，上述问题可归结为某个函数的单调性问题. 请给出这个函数的解析式，并用严格的数学方法讨论这个函数的单调性.

解：(1) 依题意可知，两次投资的总本金为______元，

两次投资的总利润为______元，则两次投资的总收益率为______.

(2) 问题即比较________________和________________的大小.

由题意，________ $-$ ________ $=$ ________ 且 $x>0$.

若________，则收益率减少；

若________，则收益率增加；

若________，则收益率不变.

(3) 由题意，总投资收益率 $f(x)$ 可表示为关于增加投入本金 x 的函数，则 $f(x)=$ ________ ($x\in$ ________).

证明单调性.

设任意 $x_1>x_2>0$，

$f(x_2)-f(x_1)=$ ________（代入）$=$ ____________（化简结果）.

若________，则 $f(x_2)<f(x_1)$，函数单调递________，本金越多总收益率越________；

若________，则 $f(x_2)>f(x_1)$，函数单调递________，本金越多总收益率越________；

若________，则 $f(x_2)=f(x_1)$，函数为常值函数，总收益率不随着本金变化而变化.

9. 已知 $x_1,x_2,y_1,y_2\in\mathbf{R}$，其中 $x_1^2+y_1^2=1$，$x_2^2+y_2^2=1$，$x_1x_2+y_1y_2=\frac{1}{2}$，则 $\frac{|x_1+y_1-1|}{\sqrt{2}}+\frac{|x_2+y_2-1|}{\sqrt{2}}$ 的最大值为________.

解：设 A ________，B ________，则 A，B 为________上的点，

由 $x_1x_2+y_1y_2=\frac{1}{2}$，可知 $\cos\angle AOB=$ ________，由 $\angle AOB\in[0,\pi]$，得 $\angle AOB=$ ________. $\because OA=OB=$ ________，$\therefore AB=$ ________.

又 $\frac{|x_1+y_1-1|}{\sqrt{2}}+\frac{|x_2+y_2-1|}{\sqrt{2}}$ 的几何意义是________________________.（其中涉及的直线用 l 表示，距离用 d_1，d_2 表示）

若设 AB 中点为 P，并过 P 点作 $PH\perp l$ 于 H，连接 OP，

则易知，$PH=$ ________，$OP=$ ________.

P 点的轨迹方程为________________，由直线与圆的位置关系可知，

$(PH)_{\max}=$ ________，因此，$\frac{|x_1+y_1-1|}{\sqrt{2}}+\frac{|x_2+y_2-1|}{\sqrt{2}}$ 的最大值为____________.

10. 数学中的抽象大致分两类：数的抽象或形的抽象.

(1) 对于 1 本书、1 支笔、1 个水杯、1 辆车等这些生活中的常见物体，站在数的抽象角度，从中你能抽象出什么共同特征？

____

____

(2) 旗杆与地面、墙角线与地面、桌子腿与地面、直立书的书脊与桌面，这些都是生活中的常见场景. 上述物体可看作数学图形中的什么元素？以上场景都是什么位置关系？请写出它的判定定理.

元素：____

位置关系：____________________________________

判定定理：____________________________________

参考文献

[1] 中华人民共和国教育部. 普通高中数学课程标准(2017 年版 2020 年修订)[M]. 北京：人民教育出版社，2020.
[2] 普通高中数学课程标准(2017 版 2020 年修订)解读[M]. 北京：高等教育出版社，2020.
[3] Michael Mitchelmore, Paul D. White. Abstraction in Mathematics Learning [M]. Encyclopedia of the Sciences of Learning. 2012：31 - 33.
[4] 吕林海. 数学抽象的思辨[J]. 数学教育学报，2001，10(04)：59—62.
[5] 钱珮玲. 数学思想方法与中学数学[M]. 北京：北京师范大学出版社，2008.
[6] 徐利治. 徐利治谈数学方法论[M]. 大连：大连理工大学出版社，2008.
[7] 张卫星. 小学数学抽象的类型及内涵[J]. 教育研究与评论，2015 (10)：28 - 32.
[8] 史宁中. 数学思想概论(第 1 辑)：数量与数量关系的抽象[M]. 长春：东北师范大学出版社，2008.
[9] 史宁中. 数学思想概论(第 2 辑)：图形与图形关系的抽象[M]. 长春：东北师范大学出版社，2009.
[10] 徐利治，郑毓信. 数学抽象方法与抽象度分析法[M]. 南京：江苏教育出版社，1990.
[11] 聂和冰. 小学数学教学中渗透抽象思想的研究[D]. 武汉：华中师范大学，2015.
[12] 侯正海，徐文彬. 试论小学数学抽象教学的时机把握[J]. 课程. 教材. 教法，2013(09)：56 - 59.
[13] 张洪. 数学教学如何培养学生的抽象思维能力[J]. 江西教育，2013(12)：35.
[14] 张国旺. 谈培养中学数学抽象思维能力的两个阶段[J]. 中学数学月刊，1994(04)：1 - 3.
[15] 陈琢. 数学抽象度理论及其应用[D]. 沈阳：东北大学，2005.
[16] 刘玉忠，刘艳清. 谈谈抽象度分析法在中学数学中的应用[J]. 辽宁教育行政学院学报，1996(05)：46 - 47.
[17] 徐利治，张鸿庆. 数学抽象度概念与抽象度分析法 [J]. 数学研究与评论，1985. 2.
[18] 吕林海. 数学抽象的思辨[J]. 数学教育学报，2001(04)：59 - 62.
[19] 章建跃. 高中数学教材落实核心素养的几点思考[J]. 课程. 教材. 教法，2016(07)：44 - 49.
[20] 马云鹏. 关于数学核心素养的几个问题[J]. 课程. 教材. 教法，2015(09)：36 - 39.
[21] 张小娟，余继光. 养育中学生的“数学抽象”素养——例谈“由特殊到一般”的数学

教学策略[J]. 数学通讯，2016(14)：4－8.

[22] 袁顶国. 从两极取向到有机整合：主题式教学研究[D]. 西南大学，2008.

[23] 王斌. 基于初中数学主题式教学实验的分析[J]. 数学教学通讯，2015(04)：30－31.

[24] Mark R. Wilson，Meryl W. Bertenthal. Systems for State Science Assessment [M]. Washington，D C：The National Academies Press，2005.

[25] Richard A Duschl，Heidi A. Schweingruber，Andrew W. shouse. Taking Science to School：Learning and Teaching Science in Grade K－8[M]. Washington，D C：The National Academies Press，2007.

[26] 姚建欣，郭玉英. 为学生认知发展建模：学习进阶十年研究回顾及展望[J]. 教育学报，2014(5)：35－42.

[27] 刘晟，刘恩山. 学习进阶：关注学生认知发展和生活经验[J]. 教育学报，2012(02)：81－87.

[28] 翟小铭，郭玉英，李敏. 构建学习进阶：本质问题与教学实践策略[J]. 教育科学 2015(2)：47－51.

[29] 蔡永红. SOLO 分类理论及其在教学中的应用[J]. 教师教育研究，2006(01)：34－40.

[30] 林哲民. 国小因数与倍数学习进程研究[D]. 台北：台湾师范大学，2013：66－150.

[31] Dienes Z P. An experimental study of mathematics learning[M]. Hutchinson，1963.

[32] Skemp R R. The psychology of learning mathematics [M]. Penguin Books，1986.

[33] 骆洪才，廖六生. 数学抽象性的研究与思考[J]. 数学教育学报，2001，10(02)：6—8.

[34] 郝建英. 高中生数学抽象概括能力的调查与研究[D]. 石家庄：河北师范大学，2013.

[35] 李肆鹏. 高中课堂教学中培养学生数学抽象素养的研究[D]. 哈尔滨：哈尔滨师范大学，2017.

[36] 张智灿. 基于高中数学的抽象思维能力培养的若干问题研究[D]. 福州：福建师范大学，2012.

[37] 喻平. 基于核心素养的高中数学课程目标与学业评价[J]. 课程. 教材. 教法，2018(01)：80－85.

[38] 上海市教育委员会教学研究室. 高中数学单元教学设计指南[M]，北京：人民教育出版社，2018.

[39] 欧拉. 无穷分析引论[M]. 太原：山西教育出版社，1997.

[40] 汪晓勤. HPM：数学史与数学教育[M]. 北京：科学出版社，2017.

[41] 李晓郁，韩粟. “辨析”为跨越历史，“经历”促素养生根——HPM视角下“周期函数”概念的教学[J]. 中小学数学(高中版)，2021(Z2).
[42] 汪晓勤. 对数的历史及其德育价值——兼论对数教学设计[J]. 教育研究与评论(中学教育教学版)，2021(03)：67-72.
[43] 保罗·哈尔莫斯. 我要作数学家[M]. 南昌：江西教育出版社，1999.
[44] 约翰·德比希尔. 代数的历史[M]. 张浩，译. 北京：人民邮电出版社，2021.
[45] 汪晓勤. 数学文化透视[M]. 上海：上海科学技术出版社，2013.
[46] 阿蒂亚. 数学的统一性[M]. 袁向东等，编译. 大连：大连理工大学出版社，2009.